115

YVES-GUYOT

LA QUESTION DE L'ALCOOL

ALLÉGATIONS ET RÉALITÉS

PARIS
LIBRAIRIE FÉLIX ALCAN
108, BOULEVARD SAINT-GERMAIN, 108

LIBRAIRIE FÉLIX ALCAN

RÉCENTES PUBLICATIONS

ALLIANCE D'HYGIÈNE SOCIALE (**conférences de l'**) (M. BOURGEOIS, président). **La guerre et la vie de demain.**

I. ENFANCE ET JEUNESSE. 1916. 1 vol. in-16 . . . . 3 f

II. LES RISQUES IMMÉDIATS DE LA GUERRE ET LEUR RÉPARATION. 1 vol. in-16. 3 f

BAUDIN (Pierre), sénateur. — **Le budget et le déficit.** 2ᵉ tion, avec préface nouvelle. 1 vol. in-16. . . . . 3 fr

BELLET (Daniel). — **L'alimentation de la France** *et ressources coloniales ou étrangères.* 1 vol. in-16. . . . . 3 fr

GOBLET D'ALVIELLA, ministre d'État, de Belgique. — **Le et le faux pacifisme.** 1 vol. in-8 avec carte. . . . 1 fr

GRUET (P.-L.), député, docteur en droit. — **Réquisitions m taires** (*Armées de terre et de mer*). 1915. 1 vol. in-8 . 3 fr

HUBERT (Lucien), sénateur. — **L'effort brisé.** *La situa économique de l'Allemagne à la veille de la guerre.* 2ᵉ édi 1 broch. in-8. 1 fr

Guerre et la vie économique (**La**), par MM. ZOLLA (Dan FLANDIN (Étienne), CHAILLEY (Joseph), PINOT (Robert), ROUZ (Paul de), LIESSE (André). 1 vol. in 16. . . . . 3 fr

Réparation des dommages de guerre (**La**), par MM. LARNA H. BERTHÉLEMY, Joseph-BARTHÉLEMY, André WEISS, L ROLLAND, Jacques HERMANT. Avant-propos de M. BERTHÉL 1 vol. in-16 . . . . 3 fr

Réorganisation de la France (**La**), par MM. Ch. SEIGNO CHAUMET, VACHER, DERVAUX, Ch. GIDE, LEGOUEZ. 1 vol. in Prix . . . . 3 fr

YVES-GUYOT. — **Les Causes et les Conséquences de Guerre.** 1 vol. in-8 de 422-xx pages. 2ᵉ édit., 1916, av. une p face nouvelle. 3 fr.

ÉVREUX, IMPRIMERIE CH. HÉRISSEY

LA

QUESTION DE L'ALCOOL

OUVRAGES DE M. YVES-GUYOT

A LA MÊME LIBRAIRIE

Les causes et les conséquences de la Guerre. 1 vol. in-8 de 422-xx pages, 2e édition avec préface nouvelle. Prix. 3 fr. 50

La Gestion par l'État et les municipalités. 1 vol. in-16. 3 fr. 50

La Céruse et la Méthode expérimentale. 1 brochure in-8 . . . . 2 fr. »

L'A B C du libre-échange. 1 vol. in-32 cart. à l'anglaise . . . . 2 fr. »

Les Préjugés économiques . . . . 0 fr. 60

La Crise des transports. 1 broch. gr. in-8. . 2 fr. »

Dictionnaire du commerce, de l'industrie et de la banque, publié sous la direction de MM. Yves-Guyot et A. Raffalovich. 2 vol. gr. in-8 de 2988 pages.
Relié . . . . 58 fr. »
Broché. . . . . 50 fr. »

Journal des Économistes, *Revue mensuelle de la science économique et de la statistique,* fondée en 1841, par Guillaumin, dirigé par M. Yves-Guyot.

Abonnement : France : un an. 36 fr. — Six mois. 19 fr.
— Étranger : un an. 38 fr. — Six mois. 20 fr.
Le numéro. . . 3 fr. 50

La Westphalie et la Province Rhénane. 1 vol. in-8 avec cartes et graphiques (Librairie Attinger). 3 fr. 50

YVES-GUYOT

LA QUESTION DE L'ALCOOL

ALLÉGATIONS ET RÉALITÉS

PARIS
LIBRAIRIE FÉLIX ALCAN
108, BOULEVARD SAINT-GERMAIN, 108

1917

LA

QUESTION DE L'ALCOOL

INTRODUCTION

UN PROGRAMME D'ÉTUDES SCIENTIFIQUES

J'essaye d'apporter dans l'étude de la question de l'alcool des habitudes de méthode qui font complètement défaut à ceux qui en parlent le plus bruyamment, non seulement en France, mais dans tous les pays.

Je commence par citer un exemple caractéristique de leur manière de procéder.

Un des hommes dont s'honore la science britannique, sir Francis Galton, cousin de Darwin. après avoir reçu son titre de médecin à Cambridge et exploré de 1845 à 1850 des parties inconnues de l'Afrique, établit, dans ses *Meteorologica* publiés en 1863 la théorie des anticyclones; puis, s'occupa de l'hérédité humaine et, à partir de 1869 il publia un certain nombre d'ouvrages et de mémoires sur ce sujet. En 1884, dans son livre *Human faculty*, il se servit du terme *Eugenics* (du grec *Eugenès*, bien né) pour désigner l'étude des facteurs qui peuvent améliorer ou altérer les qualités raciales soit physiques, soit mentales, des générations futures.

Il fonda à l'Université de Londres un laboratoire d'*Eugenics* qui a pour objet de réunir les matériaux statistiques sur les conditions mentales et physiques de l'être humain et leurs relations avec l'hérédité et le milieu. Le directeur en est M. Karl Pearson, auteur de nombreux et importants travaux sur l'hérédité, la théorie de l'évolution, et d'un livre sur la méthode la *Grammaire de la science*[1] qui fait époque.

En 1910, M. Karl Pearson a pu contrôler les allégations des *leaders* des *teetotalers* et autres adversaires des boissons fermentées et distillées, sur le *parental alcoholism*, l'hérédité alcoolique.

Dans son mémoire, publié en mai 1910, il faisait l'observation suivante :

> Le désir de savoir avant d'agir et l'esprit qui refuse de donner une opinion avant d'avoir appris sont si étrangers à tant de personnes occupées de réforme sociales que la possibilité de se livrer à une enquête sans la faire aboutir aux résultats désirés leur paraît presque une iniquité et la marque d'un tempérament anormal.

Ce mémoire exposait simplement les résultats fournis par deux documents importants[2]. Cependant comme ils n'étaient pas conformes aux formules de la propagande antialcoolique, sir Victor Horsley et le Dr Sturge l'attaquèrent dans *the British medical Journal* en des termes tels que le *Times* disait (13 janvier 1911) :

« Un des effets constatés de l'abstinence totale de l'alcool

1. Traduit en français par M. Lucien March (*Bibliothèque scientifique internationale*), F. Alcan.

2. Voir *Infra*, liv. IV, ch. III. *L'hérédité alcoolique*.

paraît être une tendance à employer un langage excessif et peu convenable ».

Les possédés du *delirium tempérant* ne sont nulle part arrivés au moment « où une connaissance sérieuse doit remplacer une philanthropie énergique mais incohérente ».

Dans le but de substituer quelque méthode à ces passions se réunit, en septembre 1913, à Paris, une commission internationale ayant pour but la constitution d'un *Comité international pour l'étude scientifique de la question de l'alcool.*

Cette commission était ainsi représentée : Autriche : M. Carl Klen, inspecteur au ministère des Finances. Hongrie : M. Alexandre Vertesy, chef de cabinet du ministère des Finances. Belgique : M. Jules Janssens, directeur général des douanes et accises. Danemark : M. C. T. Tissing, président de la cour d'appel de Copenhague. Espagne : M. le docteur Angel Pulido y Fernandez, sénateur, président du conseil d'hygiène de l'Espagne. Etats-Unis : M. John Koren, secrétaire général du groupe américain et président de l'*American statistical Society*. France : M. Louis Martin, directeur général des contributions indirectes. Grande-Bretagne : M. Ernest E. Williams, délégué par lord Halsbury, président du comité de la Grande-Bretagne ; Thomas Landers, secrétaire du groupe anglais ; Harman Grisewood, professeur de statistique. Italie : MM. Vincenzo Magaldi, président du groupe italien, délégué par le ministre de l'Agriculture, de l'Industrie et du Commerce ; Antonio dell' Abbadessa, V., directeur général des douanes et des contributions indirectes ; Alfred Niceforo, professeur à l'Université de Rome. Suède : M. Karl Vilhelm Viktor Key-Aberg, chef de la statistique centrale du commerce. Suisse : M. Albert Gobat, président du groupe suisse et membre du Conseil national. Russie : MM. Daniel Kavraisky, conseiller d'Etat, chef de section au ministère des Finances ; Louis Skarzynski, fonctionnaire pour missions spéciales au ministère des Finances.

M. Louis Skarzynski était le directeur du bureau provisoire du Comité international.

La commission permanente qui fut nommée devait avoir pour base de ses travaux le *programme d'études* suivant :

1° L'alcool est-il oui ou non un aliment ?
2° Quelle est l'influence relative des formes et des modes sous lesquels on consomme l'alcool ?
3° Quelle est la valeur alimentaire des différentes boissons alcooliques ?
4° Quels sont les effets du titre de l'alcool et des substances étrangères ajoutées ou provenant de la distillation des produits fermentés ?
5° Quelles sont les causes principales et quelles sont les principaux effets de l'alcoolisme ?
6° Quels sont les moyens employés contre l'alcoolisme ? leurs résultats ?
7° Enquête critique sur les statistiques nationales de la production et de la consommation de l'alcool et des boissons alcooliques. Considérations sur les effets de cette production et de cette consommation.

Les comités nationaux s'engagèrent à donner le résultat de leurs enquêtes. Un comité se constitua à Paris. M. A. Ribot, le président actuel du Conseil, devait en être président ; M. Armand Gautier, dont nul ne contestera la compétence, et moi, nous étions désignés comme vice-présidents.

Les difficultés, inhérentes à toute organisation internationale, n'ont pas permis à cette organisation de remplir le programme d'études que j'ai cité plus haut; mais à sa session de Vienne, en 1913, l'Institut international de statistique, « reconnaissant l'importance de cette étude et l'intérêt qu'il y a à établir une statistique internationale de la production et de la consommation de l'alcool permettant de distinguer les catégories de produits et les classes de consommateurs » nomma une commission dont plusieurs membres appartenaient aux groupes formés dans les divers pays. Elle se composait de MM. A. Hjelt, chef du bureau central de statistique de Finlande; Kœfœd, directeur général des douanes et impôts du Danemark ; Lucien March, directeur de la statistique générale de la France; von Mayr, professeur à l'Université de Munich; Robert Meyer, ancien ministre des Finances d'Autriche ; Milliet directeur de la Régie fiscale des alcools de la Suisse; Maffeo Pantaleoni, professeur d'économie politique à l'Université de Rome; le baron de Prazäk, ancien directeur de la statistique agricole au ministère de l'Agriculture d'Autriche; Rygg. directeur du bureau central de statistique de Norvège; sir Hubert Llewellyn, directeur du *Board of Trade;* G. Schelle, ancien président de la société de statistique de Paris; Yermolow (Russie); Yves-Guyot. Le rapporteur désigné fut M. Milliet.

La guerre a suspendu les recherches projetées, mais elle n'a pas empêché les antialcooliques de répéter leurs affirmations à grand fracas.

Je pensais qu'au lendemain de la bataille de la Marne, la *Ligue nationale contre l'antialcoolisme* ne prétendrait plus que tous les Français, à l'exception de ses membres, étaient des dégénérés, bons à rien, alcooliques ou fils d'alcooliques. Je me trompais. Plus nos soldats montrent d'énergie, d'endurance et leur supériorité individuelle sur l'adversaire, plus les meneurs de cette ligue assaillent le public de dénonciations furibondes contre l'alcool!

Ils profitent de la guerre pour redoubler de violence. Ils en arrivent à oublier toute notion de légalité. Un jour [1], *Le Temps*, a demandé que « les commandants

1. 7 novembre 1915.

de région eussent le droit d'agir selon leur bon plaisir, au-dessus de toute loi ! »

Ils ont espéré arriver à leurs fins par un acte dictatorial. Des hommes qui, se prétendent libéraux, en appellent à un Grand Général pour « la suppression totale de la consommation de l'alcool. » M. Briand avait annoncé qu'il demandait l'institution des décrets-lois pour leur donner cette satisfaction ! Le délire persécuteur dont sont animés ces fanatiques leur fait crier si haut : « l'alcool, voilà l'ennemi ! » qu'ils en oublient les Allemands : et cependant « la gniole » et « le Pinard » qui fournissent les calories nécessaires aux violents efforts, comptent parmi les facteurs de la victoire.

Je considère qu'au moment où ils lancent à travers le monde tant d'affirmations, dépourvues de toute valeur, et où ils exigent des pouvoirs publics des actes en contradiction avec tous les principes de liberté et de propriété, qui sont la base du droit moderne, il est utile de condenser les résultats d'études que j'ai poursuivies depuis de longues années. J'écris aussi ce petit livre pour les mêmes raisons que celles qui m'avaient fait écrire celui que j'ai publié sur *la Question des sucres en* 1901[1].

La question des sucres était un mystère, inconnu même à nombre de fabricants qui percevaient les primes. M. Levasseur m'a raconté qu'un jour, à la Société centrale d'agriculture devenue l'Académie d'agriculture, un certain nombre des membres, demandèrent où ils pouvaient l'étudier. Après un moment d'hésitation M. Viger leur répondit :

1. 1 vol. in-18 de 158 p. (Guillaumin, éd.).

« Ma foi, messieurs, c'est par le petit livre de M. Yves Guyot, que vous pouvez le mieux la connaître. »

En 1903, la *Royal statistical society* de Londres me décerna pour une étude sur *The Sugar industry on the Continent* la *Guy medal*, grand honneur qui n'a encore été décerné à aucun autre étranger.

L'organisation de l'industrie sucrière, établie par la loi de 1884, avait pour résultat d'empêcher les français de consommer du sucre. Les fabricants de sucre en fabriquaient bien, mais ce n'était pas pour fournir leurs compatriotes de cet excellent aliment : c'était pour toucher des primes. Quand on comprit que la question se posait de cette manière, elle fut résolue : la conférence de Bruxelles aboutit le 5 mars 1902, et en France le droit sur le sucre de 62 francs dont 45 p. 100 étaient prélevés par les primes, fut réduit en 1903 à 27. Les français qui consommaient 9 kilos par tête purent en consommer 18.

Aujourd'hui le droit a été relevé à 45 francs. Il est à craindre que ce ne soit pas la dernière hausse. Le Gouvernement nous réduit au rationnement et à la carte de sucre. Le Gouvernement a élevé les droits sur l'alcool jusqu'à les rendre prohibitifs.

L'article 4 de la loi du 30 juin 1916 stipule que, « jusqu'à la fin des hostilités » :

> Toutes les quantités d'alcool propres à la consommation de bouche et provenant de matières autres que les vins, cidres, poirés, marcs, lies et fruits, sont réservées à l'Etat qui ne peut les rétrocéder que pour des usages industriels ou médicaux.

Cette disposition augmentera le prix de l'alcool de vins, de cidres, de marcs, etc., mais enlèvera à la consommation la plus grande partie de l'alcool. C'est une disposition hypocrite qui a pour objet de rendre la consommation de l'alcool, déjà surchargé de droits, si onéreuse qu'elle ne puisse être accessible qu'aux gens aisés : et ce sont eux qui peuvent s'en passer aisément et doivent même s'en abstenir. Cette mesure a pour conséquence de diminuer le chiffre des matières disponibles pour l'alimentation de ceux qui, soumis à des efforts musculaires, souvent au grand air, ont besoin d'avoir le plus de calories à leur disposition. Alors que le ministre du ravitaillemnet crie son impuissance de fournir du blé, de la viande, des pommes de terre, du sucre à ses concitoyens qu'il rationne, ces philantropes exigent que le gouvernement supprime encore les 7 calories par gramme que fournit l'alcool ! Ils travaillent frénétiquement à la dépression des travailleurs et volontiers ils se donnent pour des professeurs d'énergie. Ils croient que la chaleur de leurs invectives suffit pour remplacer le combustible dans la machine humaine.

J'ai une supériorité incontestable sur les meneurs de la campagne antialcoolique : je ne mets, dans l'examen de la question de l'alcool, d'autre passion que celle de la vérité. Je ne me place dans cette étude qu'au point de vue objectif : et je ne me permets quelques railleries à leur égard que parce que toute recherche scientifique comporte la critique de l'erreur.

Il m'est permis de leur demander, sans leur faire des excuses, sur quels faits ils appuient les affirmations suivantes qu'ils vont claironnant partout. — « L'alcool anéantit la race ; il augmente la tuberculose; il peuple les prisons et les asiles d'aliénés. »

A ces allégations, j'oppose des réalités que je les défie d'infirmer. Les Polyeuctes de l'antialcoolisme cassent à grands fracas des bouteilles et des verres sur la tête des passants; mais le tapage n'est pas un argument.

Les intempérants de la tempérance ne se doutent pas que, si Epicure en a fait la première des quatre vertus essentielles, elle signifiait pour lui la modération, vertu modeste et discrète, qui exclut tout fanatisme et implique le contrôle de l'individu sur lui-même.

Dans toutes les nations, dans tous les groupes, les ivrognes ne sont qu'une minorité d'autant plus restreinte que la civilisation est plus raffinée.

Un ivrogne, un alcoolique est un ennemi de lui-même et des siens, soit; mais parce que A., B. et même C. sont ivrognes, en résulte-t-il que tout le reste de l'alphabet devra s'abstenir de boire du vin, de la bière, du cidre, de l'eau-de-vie?

Les anti-alcoolomanes veulent subordonner la totalité de leurs compatriotes à la sollicitude effarée qu'ils éprouvent pour cette minorité. Il y a aussi des prodigues qui gaspillent leur ressources. Les anti-alcoolomanes doivent logiquement exiger que tout individu, sans s'excepter eux-mêmes, n'ait le droit de recevoir des salaires et des revenus et de les dépenser qu'avec l'autorisation de l'autorité. Cette doctrine se comprenait du temps de Louis XIV, investi par le droit divin, de faire bon gré malgré le bonheur de ses sujets, en leur assurant « les biens de l'âme », « les biens du corps », et « les biens de la fortune ». Delamare, dans son grand *Traité de la police*[1], a exposé très

1. *Traité de la police*, 3 vol. in-folio, 1704.

bien cette conception. Les individus sont incapables de se diriger eux-même et d'avoir, à l'égard de leurs concitoyens des intentions, autres que mauvaises. La volonté du Roi les préserve du mal.

Mais depuis ce bon vieux temps, la Déclaration des Droits de l'Homme a brisé cette tutelle et a proclamé tout individu maître de ses pensées, de ses décisions et de ses actes.

Les chefs de la *Ligue nationale contre l'Antialcoolisme* parlent, comme s'ils avaient reçu, d'une puissance supérieure et mystérieuse, mission de soumettre leurs compatriotes à leur bon plaisir. Il leur plaît de les condamner au régime de l'eau, et, dans leur délire persécuteur, ils réclament sans vergogne des actes de confiscation, des lois de classes contre des catégories de citoyens. Ils ont pour idéal, de tous les gouvernements le pire : le gouvernement par la police !

Ces paternalistes, imprégnés de la doctrine de Le Play sur « les autorités sociales », veulent étendre à l'adulte le régime qu'Herbert Spencer a défini la loi de famille : — l'enfant reçoit une part du produit de l'activité de l'adulte, mais son activité est subordonnée à la volonté de l'adulte.

Quantité de gens se considèrent comme investis par leur propre volonté, au nom de leur propre sagesse qu'ils croient supérieure, du droit et de la fonction de traiter leurs concitoyens en enfants, qui doivent être châtiés s'ils ne sont pas obéissants. Mais que leur offrent-ils en échange de cette obéissance? Des législateurs, hier modestes candidats et demain humbles solliciteurs de leurs électeurs, oubliant les conditions qui leur permettent, pendant quelques années, de siéger au Palais Bourbon ou au Luxembourg, sont engagés et tout disposés à appliquer la loi de famille, à qui? non pas à des enfants, mais à leurs procréateurs politiques ; et ce ne sont pas eux qui nourrissent, logent, habillent leurs concitoyens. C'est à eux que par l'impôt et par l'emprunt ils demandent des ressources. Les recettes du budget seules suffisent à prouver que la loi de famille est la négation de la société politique[1].

Ignorant : 1° que sans liberté il n'y a pas de responsabilité ; 2° qu'une des caractéristiques du progrès est la restriction du domaine légal, toujours coercitif, et l'extension du domaine moral, les meneurs des campagnes dites anti-alcooliques, font œuvre de régression.

YVES-GUYOT.

Juillet 1917.

1. V. Yves-Guyot. *La démocratie individualiste*, p. 12 et 78.

LIVRE PREMIER

L'ALIMENT ALCOOL

CHAPITRE PREMIER

CARACTÈRES DE L'ALCOOL

Quoiqu'on trouve, dans tous les traités de chimie organique, les caractères de l'alcool, je crois utile de les rappeler ici[1].

L'alcool est tout corps organique oxygéné qui se combine aux acides, avec élimination d'eau, pour donner un éther. Un alcool est monoatomique, diatomique ou triatomique, suivant qu'il peut, au cours de cette combinaison, prendre une, deux ou trois molécules d'acide monobasique.

Tous ces corps renferment des groupes oxhydryles OH en nombre égal à leur atomicité : d'où cette définition : *un alcool est le produit de la substitution de l'oxhydryle* OH *à l'hydrogène d'un hydrocarbure quelconque.*

On appelle *hydrocarbures de la série grasse* les composes

1. Voir tous les traités de chimie organique, V. *Dictionnaire du Commerce, de l'Industrie et de la Banque* (Yves-Guyot et Raffalovich). *Alcools, eaux-de-vie, appareils de distillation*, par G. Hartmann; *Alcoomètres*, par Delachanal, etc. *L'alcool*, par A. Larbalétrier; *id.* par Louis Jacquet.

hydrogénés acycliques du carbone. On appelle *radicaux alcooliques* les hydrocarbures qu'on retrouve dans la molécule de tous les alcools monoatomiques.

Toutes les substances végétales sont des glucoses ou des matières transformables en glucose par hydratation. Donc toutes les substances végétales sont transformables en alcool, car la glucose est décomposable en acide carbonique et en alcool : $C^6H^{12}O^6 = 2CO^2 + 2CO^2H^6O$.

Cette transformation est une *fermentation*, qui se produit en présence des champignons microscopiques (*Sauharomyces cerevisiœ*) connus sous le nom de levure de bière. La fermentation alcoolique est utilisée dans la fabrication du vin, du cidre, de la bière.

Après la fermentation, le gaz carbonique s'est dégagé. Pour séparer l'alcool des autres substances étrangères (eau, matières minérales, matières organiques non transformées, etc.) on distille le mélange : l'alcool bout à 78° et passe seul dans le réfrigérant, tandis que les autres corps n'étant vaporisés qu'au-dessus de 100° restent dans l'alambic.

La première série grasse qui groupe des alcools monoatomiques comprend :

L'alcool méthylique C^2H^4O, obtenu par la distillation du bois. L'alcool éthylique C^2H^6O ou vinique qui est l'alcool de consommation. L'alcool propylique $C^6H^8O^2$ extrait des marcs de raisin. L'alcool butylique $C^8H^{10}O^2$ extrait des betteraves. L'alcool amylique $C^{10}H^{12}O^2$, extrait de la pomme de terre.

L'alcool pur est un produit homogène, qu'il vienne du vin ou de la pomme de terre, exprimé par la formule atomique CH^3CH^2OH *ou plus simplement* C^2H^6O *qui contient* 52,2 *de carbone,* 13 *d'hydrogène,* 34,8 *d'oxygène. Il bout à la température* 78°05 C. *sous la pression atmosphérique de* 760 *millimètres; son poids spécifique à* 15° *est fixé à* 0,79433 *par le décret du* 27 *décembre* 1884.

A. Substances sucrées : 1° fruits ($C^{6}H^{12}O^{6}$). Leur jus, contenant de la glucose et un ferment, il n'y a pas lieu de provoquer artificiellement la sacharification et la fermentation. La distillation du vin, poussée à 85° en moyenne, s'appelle esprit-de-vin, la distillation, limitée à une force alcoolique ne dépassant pas 60°, s'appelle eau-de-vie de vin. On fait aussi des eaux-de-vie de fruits : eaux-de-vie de cidre, eaux-de-vie de cerises (kirsch), genièvre (*gin*).

2° Tiges. L'alcool qu'on extrait des cannes à sucre s'appelle *tafia*. Tous ces alcools ne sont pas rectifiés. La rectification leur enlèverait les huiles essentielles qui en constituent le parfum et la saveur.

3° Racines, betteraves. Le jus est naturellement sucré mais ne peut fermenter spontanément. On doit y ajouter de la levure de bière, 8 kilogrammes pour 150 litres de jus.

4° Mélasses. Résidu de la fabrication du sucre ordinaire tiré de la betterave ou de la canne à sucre facilement fermentescibles. L'alcool provenant de la mélasse de la canne à sucre s'appelle *rhum*.

B. Substances amylacées : 1° céréales. Le produit est proportionnel à la quantité d'alcool qu'elles renferment.

100 kilogs.	Litres d'alcool.	100 kilogs.	Litres d'alcool.
Riz	30	Orge	25
Froment	32	Maïs	25
Seigle	28	Avoine	22

L'orge surtout contient du malt. C'est une diastase qui permet la saccharification spontanée en transformant l'amidon (C^6H^{10}) en sucre par hydratation. On obtient le malt par la germination des graines placée dans des conditions convenables de température et d'humidité. Sauf le seigle, les autres céréales ne contiennent pas assez de malt. On les additionne de malt d'orge pour produire le liquide fermentescible qui prend le nom de moût.

Le whisky écossais est fait avec de l'orge. On en fait aussi avec du seigle ; et on donnait le nom de *gin*, genièvre, à de l'alcool de seigle parfumé avec du genièvre distillé.

Pour éviter que les huiles essentielles contenues dans le grain ne passent dans l'alcool, on épuise, pour le whisky, progressivement les matières alcoolisables du marc et on y laisse déposer les huiles essentielles.

2° Pommes de terre. Pour transformer en glucose les 16 à 20 p. 100 de fécule qu'elles contiennent, on les réduit en pâte, à laquelle on ajoute du malt et de l'eau, Quand on veut extraire l'alcool de la glucose, on y ajoute de la levure, on laisse fermenter puis on distille.

C. Substances cellulosiques, telles que la pâte à papier qui, traitées par l'acide sulfurique concentré, donnent de la glucose après saturation de l'acide par le carbonate de chaux.

Les alcools provenant de betteraves, de pommes de terre, de céréales, autres que l'orge et le seigle, ne seraient pas consommables s'ils n'étaient pas soumis à une rectification.

Les alcools, obtenus au commencement et à la fin de

la distillation, dits alcools de tête et de queue, portent le nom de flegmes. Ils renferment : 1° des aldéhydes (alcools deshydrogénés); 2° des alcools homologues, dits alcools supérieurs, parce que tandis que l'alcool éthylique bout à 78°, ils bouillent à 85°, 112°, 130°, 132°; 3° des traces d'éther, d'acétol et d'acroléine.

Voici, d'après M. Larbalétrier, comment se décomposent 100 litres d'alcool sortant de la distillerie :

	Litres
Moyen et mauvais goût.	17,50
Fin	22,50
Extra-fin.	23
Alcool de cœur	37
	100

Seuls les alcools de cœur peuvent être employés comme boisson : les 63° qui restent doivent être soumis à une nouvelle opération pour laquelle on emploie soit des procédés physiques soit des procédés chimiques. La méthode des hydrocarbures permet de tirer 97 litres d'alcool pur de 100 litres d'alcool impur.

Depuis Gay Lussac, la proportion d'alcool contenu dans un esprit est toujours évaluée en volume; lorsqu'on dit qu'une eau-de-vie marque 53° cela veut dire qu'un hectolitre de cette eau-de-vie contient à la température de 15° C. 53 litres d'alcool absolu.

Un degré d'alcool qui représente 1 p. 100 d'alcool en volume correspond à 0gr,8 d'alcool.

70 grammes d'alcool représentent $\frac{70}{0,80} = 87$ cc. ou 0l,0875 d'alcool éthylique pur.

Dans la Grande-Bretagne, le *proof spirit*, défini par un acte du Parlement du 2 juillet 1816, représente la moitié du volume de la liqueur alcoolique à la densité de 0^l,7939 à 51° Fahrenheit (10°6 C). Le degré centésimal de cet esprit est de 57°2. Le gallon (4 quarts) = 4^l,5435 ou 4 1/2. On compte que 22 gallons font un hectolitre.

Aux États-Unis, le gallon (liquide) = 3^l,785 *proof spirit* à 50°.

La loi du 31 mars 1903 spécifie qu'aux alcools de fruits et de cannes à sucre est réservé le nom d'*alcools naturels* tandis que tous les autres sont appelés *alcools d'industrie* comme s'ils n'étaient pas tous naturels ! Mais on appelle alcools de consommation, alcools de bouche, alcools alimentaires, tous les alcools, quelle qu'en soit l'origine, qui sont propres à la consommation.

CHAPITRE II

DÉTERMINATION DES ALIMENTS

L'alimentation a pour objet de fournir à l'organisme toutes les substances nécessaires à son entretien, à sa réparation et à son développement. D'après des expériences sérieusement contrôlées, il y a une vingtaine d'années, on est arrivé à constater les faits suivants :

Un homme adulte en plein fonctionnement normal, dit M. Armand Gautier[1], détruit chaque jour, calculée à l'état frais, 500 grammes de sa chair ou des autres composés albumineux qui forment son sang et ses tissus. Il brûle une partie de ses graisses et fournit par leur combustion et par celle des sucres et amidons que mettent à sa disposition les aliments ou que lui fournissent ses organes, une quantité d'énergie qui, calculée en chaleur, s'élève chez l'adulte au repos à 2,400 calories environ par vingt-quatre heures.

On sait qu'une calorie est la quantité de chaleur nécessaire pour élever d'un degré centigrade la température d'un kilogramme d'eau, et que transformée en travail mécanique, elle équivaut à 425 kilogrammètres. Il perd en outre tous les jours 1.300 à 1.350 cc.

1. *L'alimentation et le régime chez l'homme sain et chez les malades*, 1 vol. gr. in-8°, 2e édition, 1904.

d'eau par les urines, 600 à 700 cc. par la peau, 450 par les poumons. Il exhale une quantité moyenne d'acide carbonique de 470 litres, contenant 610 à 690 grammes d'oxygène et de 230 à 260 de carbone. Il rejette à peu près de 240 à 270 grammes de ce dernier élément par l'ensemble de ses excrétions. Il perd par ses fèces ou par ses urines 22 à 23 grammes de sels minéraux divers fournis pour plus de moitié par le sel marin.

Toutes ces dépenses purement d'entretien doivent être reconstituées. Berthelot a donné la formule suivante : « L'entretien de la vie ne consomme aucune énergie qui lui soit propre ». Il n'est pas subjectif. Il est objectif. Un apport de substances étrangères à l'organisme seul peut y pourvoir. Ce sont les aliments.

L'usure de la matière vivante se traduit par le chiffre de l'azote et de certains sels minéraux éliminés.

La reconstituer est d'une nécessité absolue : et elle est reconstituée par les albuminoïdes ou matières protéiques qui ont les propriétés du blanc d'œuf pour entretenir, réparer ou fortifier le protoplasma albumineux qui remplit nos cellules et enveloppe un noyau phosphoré.

Le second groupe d'aliments comprend : 1° la graisse ; 2° les hydrates de carbone. Ce sont les aliments dynamogènes qui ont surtout pour objet de fournir des calories.

Les principes alimentaires essentiels ont la valeur calorimétrique suivante pour un gramme :

Albumine.	5,7 calories
Graisse.	9,4 —
Hydrates de carbone	4,2 —

Rubner a évalué que le déchet de la ration entre la masse ingérée et la masse absorbée est de 10 à 15 p. 100 du poids : et il a donné pour les cœfficients thermiques utilisés les chiffres suivants :

Graisse.	9,3 calories
Albuminoïdes.	4,1 —
Hydrates de carbone	4,1 —

Atwater est arrivé à des chiffres un peu inférieurs :

Graisse	8,90 calories
Albuminoïdes.	4 —
Hydrates de carbone	4 —

Il suffit de multiplier le nombre des grammes absorbés par le nombre des calories pour connaître la quantité fournie par ces divers éléments de l'alimentation et, par conséquent, s'il y a insuffisance ou excès, mais toutefois avec cette restriction que les albuminoïdes et les graisses, moins digestibles que les hydrates de carbone (sucreries, féculents, alcool) perdent respectivement, en se transformant, 45 et 15 p. 100 de leur énergie utilisable[1]. Mais le chiffre de 4 pour l'alcool est trop faible. L'alcool fournit plus de 7 calories par gramme[2].

1. Jules Amar, *Organisation physiologique du travail* (1917), p. 105.
2. A. Gautier, *op. cit.*, p. 347.

CHAPITRE III

LA CALORIMÉTRIE EXPÉRIMENTALE

W. O. Atwater, mort il y a quelques années, professeur de chimie à la *Wesleyan University* de Muddletown, directeur de l'*Office of Experiment station. Department of Agriculture* aux États-Unis, a pu mesurer exactement, directement et totalement sous forme de chaleur, les pertes de l'homme au repos et en activité grâce à un ingénieux appareil appelé chambre calorimétrique ou calorimètre respiratoire.

Le sujet était enfermé dans une chambre à parois de cuivre de 4 pieds de long, de 7 pieds de large, de 6 pieds et demi de hauteur. Cette chambre était protégée par cinq enceintes. Une ouverture en verre, scellée au moment où le sujet y était entré, lui donnait une lumière abondante. Une petite ouverture servait à introduire dans la chambre la nourriture, la boisson et à en débarrasser les ordures. Le sujet causait par téléphone. L'air était envoyé à l'état sec et à la température même de l'intérieur du calorimètre dans la chambre au taux de 2 pieds et demi cubiques par minute au moyen d'une pompe. On analysait l'air entrant et l'air sortant, et ces analyses permettaient de connaître les produits respiratoires de l'homme en expérience. Les aliments, excrétions, produits de la respiration de ce sujet en étaient tous analysés à l'entrée et à la sortie de l'appareil. On mesurait la quantité de chaleur rayonnée par lui ; un bicycle fixe, muni d'un ergomètre, permettait à volonté de le faire travailler et de mesurer son travail. L'essieu de l'appareil était relié à une dynamo, grâce à laquelle était transformé tout le travail ainsi produit en un courant électrique qui, à son tour, était changé en chaleur équivalente en traversant une lampe à incandescence placée dans la chambre respiratoire. L'énergie, perdue sous forme de chaleur rayonnée ou de travail produit par le sujet en expérience était ainsi complètement transformée en chaleur que l'on mesurait par l'échauffement de l'eau qui sortait de l'appareil[1].

Les expériences d'Atwater qui ont duré des années ont porté sur tous les aliments.

En 1893 fut institué aux États-Unis un comité, dit *Comité des Cinquante*, se donnant pour but l'étude du *Liquor problem*. Il a commencé la publication des travaux de ses sous-comités en 1897 par son livre, *The Liquor problem in its Legislative Aspects*.

En 1896, le *Comité* décida qu'il serait utile de procéder à des recherches sérieuses sur le métabolisme de l'alcool dans le corps humain. On sait qu'on désigne sous ce nom les phénomènes qui se produisent quand un corps, par sa seule présence et sans y participer, met en activité certaines affinités chimiques ou détermine la décomposition d'autres corps. Le professeur Atwater fut chargé spécialement

1. M. Armand Gautier a reproduit une photographie et le plan montrant les dispositions de cet appareil, *op cit.*, p. 76.

de rechercher dans quelles proportions l'alcool était absorbé par le corps humain, et dans ce cas, dans quelle mesure il constituait un aliment.

D'autres professeurs, le Dr J. S. Bilings, directeur du musée et de la bibliothèque de médecine ; le professeur R. H. Chittenden, directeur de la *Sheffield scientific school of Yale University ;* H. P. Bowditch et C. F. Hodge, de l'Université de Yale, etc., poursuivirent des recherches connexes.

Les deux volumes publiés par Atwater en 1903, intitulés : *Physiological aspects of the Liquor problem*, indiquent la sévérité de la méthode suivie dans ses investigations ; cependant ils ne donnent pas tous les détails des expériences qui ont paru dans des publications spéciales.

Les expériences d'Atwater furent faites dans le laboratoire de chimie de la *Wesleyan University*. Une parties des dépenses fut fournie par le *Comité des Cinquante* et par quelques autres donateurs. On peut supposer que le *Comité des Cinquante* avait *a priori* l'espoir qu'elles concluraient à une condamnation de l'alcool.

Dans son mémoire, Atwater commence par passer en revue les diverses expériences qui ont été faites sur les résultats physiologiques de l'alcool. La plupart de ces expériences, pratiquées sur des animaux, des cobayes, des lapins ou des chiens, ont deux défauts : les doses énormes d'alcool données à ces animaux ; le temps trop court des observations.

Ainsi, en 1871, Subbotin donnait à des lapins une dose d'alcool équivalant à une pinte de whisky. Quand les animaux refusaient de l'avaler, on le leur introduisait au moyen d'une incision dans l'œsophage. Au bout de vingt-quatre heures, l'expérimentateur concluait que la plus grande partie de l'alcool n'était pas absorbée par l'organisme. Les expériences d'Arytic, publiées en 1875, ont mis hors de doute une conclusion exactement contraire à celle-là.

M. Chauveau, de Lyon, a comparé le travail de chiens recevant des doses de sucre et des doses d'alcool. Mais la dose de l'alcool, de 48 grammes d'alcool pour un chien pesant de 18 à 19 kilos, était nettement narcotique. On avait constaté une perte de poids. Mais le sucre maintient l'eau dans le corps, tandis que souvent l'alcool a une action diurétique : il ne résultait donc pas de la diminution du poids la preuve que c'était une perte de graisse ou d'autres éléments nutritifs du corps.

Les animaux, comme les êtres humains, sont sujets à des idyosincrasies. Tel lapin devient ivre à une petite dose. Tel autre lapin, pendant des années, peut supporter de fortes doses d'alcool, et, à la dissection, ne présenter aucune lésion.

Le relevé des doctrines présentées comme l'expression de la science, à la suite d'expériences faussées par un défaut de méthode, doit engager à la modestie les hommes qui ont hâte de conclure surtout lorsque leurs conclusions n'ont pas un but exclusivement scientifique.

Les observations d'Atwater ont duré quatre ans. Elles ont été faites spécialement sur trois hommes, employés au laboratoire, dont deux n'avaient jamais bu que de l'eau. Atwater a décrit minutieusement les précautions prises pour leur assurer tout le caractère de certitude possible. Les hommes soumis à l'expérience étaient confortablement installés pendant plusieurs jours dans un calorimètre de respiration où le total d'alcool était brûlé ; et la chaleur résultant de la combustion de l'alcool était déterminée par l'appareil.

Pendant certaines périodes les sujets ne buvaient pas d'alcool ; pendant les autres, l'alcool employé dans ces expériences représentait 72 grammes d'alcool absolu par jour pris en six doses, ce qui fait 0,575 cc. ou l'équivalent de deux bons verres de whisky.

L'alcool ne contient pas d'azote : il ne peut donc servir à la construction ou à la réparation des tissus. La question posée était celle-ci : — Quelle est la valeur de l'alcool comme combustible, comparée à celle du sucre, de l'amidon, de la graisse, et des autres aliments semblables ?

La matière et l'énergie peuvent être transformées, mais elles ne peuvent être ni créées ni détruites. Les expériences avaient pour but de mesurer l'alcool brûlé par le corps, en déterminant combien de chaleur aurait été dégagée s'il avait été brûlé directement en contact avec l'oxygène en dehors du corps et alors de trouver la somme d'énergie produite par sa combustion dans le corps.

Voici les résultats constatés : sur 100 calories, dans les expériences faites sur le régime alcoolique, 91 étaient changées en chaleur et en travail musculaire.

L'alcool a une légère influence sur la digestibilité des matières protéiques

L'énergie en puissance dans l'alcool, brûlé dans le

corps, est transformée complètement en énergie et apparaît soit comme chaleur, soit comme travail musculaire.

Quand la valeur calorique de l'alimentation est en excès des besoins du corps, ce dernier souvent augmente sa réserve de matière, sous forme de protéine ou de graisse.

Le pouvoir de l'alcool pour protéger la protéine de l'alimentation et des tissus est clairement démontré. Son oxydation produit l'énergie nécessaire au corps et ainsi épargne la combustion d'autres substances. De cette manière, *l'alcool est utile au corps comme aliment.* (T. II, p. 259.)

Son pouvoir de protéger la protéine paraît être, dans certains cas, égal et, dans d'autres cas, inférieur à celui du sucre, de l'amidon et de la graisse.

Contrairement à l'opinion commune, l'alcool n'est pas rapidement oxydé dans le corps.

Ces expériences ouvrent toute une série d'études : quel est le prix de revient d'une calorie en sucre, graisse, alcool ? quel est, par conséquent, de ces aliments, le meilleur marché ?

Il est bien entendu que dans ce cas, les impôts doivent être déduits.

M. Duclaux, mort directeur de l'Institut Pasteur, donna, en 1902, dans les *Annales de l'Institut Pasteur*, une analyse des travaux d'Atwater. Aussitôt de vertueux tempérants furent pris d'une belle fureur contre lui. M. Duclaux n'était pas homme à reculer et il publia une brochure avec ce titre affirmatif : *l'Alcool et ses Droits naturels*, dont la lecture est plus que jamais actuelle.

CHAPITRE IV

CONCLUSIONS DE M. ARMAND GAUTIER

Je complète cette description des expériences d'Atwater par les extraits suivants du livre : *l'Alimentation et les Régimes chez l'homme sain et chez les malades*, de M. Armand Gautier (p. 336).

En 1902, de nouvelles expériences, celles-ci entièrement convaincantes, furent exécutées à Washington par MM. Atwater et Benedict...

Il fut établi expérimentalement, au millième près, *que les quantités de chaleur produites étaient identiques soit quand on substituait l'alcool isodynamiquement dans le régime, soit quand le sujet n'en consommant plus, recevait, à la place de l'alcool, une quantité proportionnelle de sucre ou d'amidon.*

Les deux expérimentateurs examinèrent ensuite l'influence de l'alcool sur le travail. Ils opéraient au moyen d'un motocycle relié à un ergomètre, enfermés dans la chambre calorimétrique. Une dynamo transformait le travail produit en électricité, et celle-ci se changeait en chaleur équivalente en traversant dans une lampe Edison. Finalement tous les travaux, y compris ceux de frottement, étaient donc transformés, dans la chambre même en chaleur que l'on mesurait soit en état de régime alimentaire ordinaire, sans alcool, soit pendant la période de substitution isodyname d'alcool à une partie des aliments. Les chaleurs versées au calorimètre, durant le travail, restèrent encore les mêmes, soit *qu'il y eût, soit qu'il n'y eût pas substitution d'alcool. Voici quelques résultats numériques :*

Expériences d'Atwater et Benedict sur la substitution isodyname de l'alcool dans le régime

1° *État de repos.*

Durée.	Régimes.	Quantités.	Calories produites
I. — 3 jours	*a*) Albuminoïdes.	124 gr.	
(Sujet A)	Corps ternaires (graisse, sucre, amidon).	Quant. suf.[1]	3 061
	(Pas d'alcool.)		
Id	*b*) Mêmes albuminoïdes qu'en *a*	124 gr.	
	Corps ternaires comme en *a*, mais avec substitution partielle isodyname de : . . . alcool	124 gr.	3 044
II. — 3 jours	*c*) Albuminoïdes	100 gr.	
(Sujet B)	Corps ternaires	Quant. suf.	2 490
Id	*d*) Albuminoïdes comme en *c*.	100 gr.	
	Corps ternaires comme en *c*, mais avec substitution isodyname de :. . . . alcool.	99 gr.	2 491
Id	*e*) Même alimentation qu'en *c*.		2 489

2° *État de travail.*

Durée.	Régimes.	Quantités.	Calories produites
III. — 4 jours	*f*) Régime ordinaire sans alcool		
(Sujet A)	avec : albuminoïdes . . .	124 gr.	3 862
Id	*g*) Même régime qu'en *f* avec substitution isodyname de : alcool.	124 gr.	3 891
IV. — 3 jours	*h*) Régime ordinaire sans alcool		
(Sujet B)	avec : albuminoïdes . . .	100 gr.	3 487
Id	*i*) Régime ordinaire précédent, mais avec substitution isodyname aux corps ternaires de :. . . . alcool.	99 gr.	3 458
Id	*j*) Retour au régime *h*		3 495

1. *Quantité suffisante* c'est-à-dire quantité suffisante pour que ce régime donnât le nombre de calories indiquées (ici : 3.061). Dans la période *b*, on remplaçait une partie des sucres ou de l'amidon de la période *a* par de l'alcool en quantité isodyname, soit 124 grammes, durant les trois jours de cette période *b*.

Dans ces expériences, le travail consistait en six à huit heures par jour de motocycle.

On voit par les chiffres de ce tableau que le travail accompli pour un poids d'alcool remplaçant une quantité isodyname de sucre ou de graisse, fut identique dans les deux cas (avec ou sans alcool), puisque la quantité de chaleur proportionnelle à ce travail transformé en calorique au moyen de la dynamo, resta exactement le même. Cette conclusion est d'autant plus intéressante que l'un des expérimentateurs n'était pas habitué à boire de liqueurs alcooliques.

D'autre part, au point de vue de la nutrition générale, en particulier des pertes ou gains du corps en azote, les résultats de ces importantes recherches furent les suivants :

	Azote perdu ou gagné par le sujet en expérience en 24 heures.
Période de repos sans alcool. . . .	— 0 gr. 70
Id	— 0 gr. 00
Id	— 0 gr. 60
Période de travail.	+ 1 gr. 1
Période de repos avec alcool. . . .	— 1 gr. 9
Id	— 1 gr. 1

Il y a donc eu, sous l'influence de la substitution, en quantité isodyname, de l'alcool aux graisses et aux sucres, une légère augmentation de l'excrétion azotée. La machine s'est très légèrement plus usée avec l'alcool qu'avec le sucre.

Cette même conclusion résulte de l'important travail de R. Rosemann [1]. On mettait d'abord le sujet en état d'équilibre azoté, grâce à une alimentation préalablement bien étudiée, puis on substituait isodynamiquement une certaine quantité d'alcool à une proportion équivalente de sucre ou de graisses. Voici les résultats obtenus dans les deux cas de nourriture normale et insuffisante :

1. *Arch. f. ges. Phisiolog.* Bd. LXXXVI, p. 307 (1901). *Der Einflus der Alkohols auf den Eiweisszstoffwechsel.*

Première série d'expériences :
Cas d'une alimentation en équilibre azoté

	Durée.	Alcool exprimé en vin par jour.	Perte ou gain journaliers en azote [1].
	—	—	—
1° Période préparatoire . . .	9 jours	0,00	+ 1,1370
2° Période d'alcool. (On supprime 60 gr. pain et 75 gr. sucre qu'on remplace par l'alcool.)	14 —	1 400 cm³	+ 0,7960
3° Période de retour. (On revient à l'alimentation de la 1re période.).	6 —	0,00	+ 1,0487
4° Période de contrôle. (Suppression des mêmes aliments qu'au 2°, mais sans les remplacer par l'alcool).	7 —	0,00	— 1,4613

Ainsi d'après ces expériences, l'alcool s'oppose à la désassimilation des albuminoïdes (0gr7960 fixés par jour au lieu de 1gr4613 perdus quand on n'ajoute pas d'alcool) ; mais il est moins efficace qu'une quantité isodyname d'hydrates de carbone (0gr7960 d'azote fixé par jour quand il y a substitution d'alcool pur, au lieu de 1gr1370 avec les aliments comprenant du sucre ordinaire).

Deuxième série d'expériences :
Cas d'une nourriture insuffisante en azote.

	Durée.	Alcool exprimé en vin par jour.	Perte ou gain journaliers en azote.
	—	—	—
1° Période préparatoire . . .	9 jours	0,00	— 0,8883
2° Période d'alcool. (Suppression de 20 gr. de sucre et 100 gr. Pain remplacés isodynamiquement par l'alcool.).	10 —	1 400 cm³	— 1,3389
3° Période de retour au sucre. (Suppression du vin qu'on remplace par 220 gr. sucre).	5 —	0,00	— 0,3724
4° Période de contrôle. (Alimentation de la période 2°, moins le vin)	4 —	0,00	— 2,3728

L'alcool a donc une action préservatrice sur les albuminoïdes, que la nourriture en azote soit ou non insuffisante; mais, dans les deux cas, cette action est un peu moins puissante que celle d'une quantité isodyname de sucre, de graisses ou de substances amylacées.

D'autre part, il a été établi (expériences d'Atwater et Benedict) que l'*alcool est apte à remplacer des poids isodynames d'amidon ou de sucre,* mais à cette condition qu'il ne dépasse pas une certaine limite qui est d'environ 1gr2 à 1gr3 par kilogramme du poids du corps et par jour.

On voit donc combien était peu fondée l'opinion de Maurice Perrin, Lallemand et Duroy, Hoppe-Seyler, Brücke, Volfberg, Chauveau, Bunge, Ch. Richet, etc., que l'alcool ne peut être considéré comme un véritable aliment et qu'il ne saurait fournir son équivalent d'énergie fonctionnelle. La seule conclusion qui reste des expériences de ces auteurs, c'est que chez l'homme, à des doses supérieures à 1gr3 par jour et par kilogramme, l'alcool doit être considéré comme dangereux. Mais, à doses modérées, et à ces doses seulement, il constitue un aliment apte à nous procurer rapidement de la chaleur et de la force, à réchauffer le sang, comme dit le peuple, à protéger la partie azotée de nos tissus, à *mettre enfin le sujet en état de fournir tout de suite un effort supérieur à celui que permettrait l'alimentation sans alcool*[1]. L'usage de ce corps ne répond donc pas à un besoin factice, c'est un aliment à effet immédiat, une ressource momentanée, quoique dangereuse dans son maniement, pour l'individu insuffisamment nourri. C'est que l'alcool est à la fois un combustible et un puissant excitateur nerveux. Absorbé même à doses faibles, il passe dans les plasmas et se fixe dans les centres nerveux dont il ne s'élimine ensuite que lentement (Nicloux). Utilisable, précieuse quelquefois, tant qu'elle est modérée, cette excitation devient désastreuse si l'on fait abus répété de l'alcool. Mais les conséquences déplorables de ces abus ne doivent pas nous faire rejeter ce précieux adjuvant de l'alimentation.

1. Ce passage souligné l'est dans le volume.

CHAPITRE V

LES CALORIES NÉCESSAIRES

Toutes les expériences faites s'accordent, à des différences insignifiantes[1] pour établir qu'un homme moyen, pesant 65 kilogrammes, au repos, perd comme calories :

	Calories.
Rayonnement du corps d'un homme moyen vêtu.	1 536
Chaleur latente due à l'évaporation de 1 100 gr. d'eau, environ par la peau et les poumons.	611
Échauffement de l'air expiré.	80
Échauffement des aliments et de l'eau de boisson pris froids et portés à la température du corps : chaleur perdue par les urines et fèces.	53
Travail du cœur et de la respiration. Autres travaux internes et petits travaux externes pour l'entretien du fonctionnement.	150
Total de la dépense (exprimé en calories).	2 430

Nous avons donné la ration d'entretien nécessaire pour pourvoir à cette perte : mais il y a en plus la ration d'effort.

Atwater donne les évaluations suivantes pour les rations nécessaires :

1. *Dictionnaire du Commerce, de l'Industrie et de la Banque*, art. *Alimentation*, par le Dr J. Laumonier.

	Matières protéiques.		
	Total.	Digestibles.	Calories.
	—	—	—
Homme sans exercice musculaire .	30	83	2 430
— avec exercice modéré. . .	112	103	3 050
— avec exercice modéré actif.	125	115	3 400
— avec travail musculaire dur.	150	138	4 150
— avec travail musculaire très dur.	175	161	5 500

La ration du soldat français établie en 1873 comprenait 750 grammes de pain de munition, 250 grammes de pain de soupe, 300 grammes de viande brute ou 180 grammes de viande désossée, 100 grammes de légumes frais et 30 grammes de légumes secs, 5 grammes de sucre et 5 grammes de café. Elle contenait 18,6 d'azote et représentait 2.739 calories. Elle était donc trop faible. La ration forte ne contenait que 3.247 calories ; celle du marin français en campagne que 3.358 calories. Elles étaient donc trop faibles. La ration de guerre a été renforcée, surtout en albuminoïdes, mais elle ne représente encore que 3.400 calories. En supposant qu'elle ne subisse pas de perte, elle est donc encore trop faible.

Cette ration comporte eau-de-vie ou rhum 0^{l},0625 : depuis le mois d'avril 1916, on n'en a plus donné qu'aux troupes faisant le service des tranchées. Elle comporte vin 0^{l},375. Or, si le *pinard* est un vin moyen à 10 p. 100 d'alcool, il donne par litre 80 grammes $\times$ 7,1 = 566 calories, etc., et avec ses autres composés glycéreux il atteint 600 calories[1] ; mais le poilu n'en reçoit même pas 40 p. 100.

1. Armand Gautier, *op. cit.*, p. 347.

On peut admettre qu'un ouvrier travaillant modérément, fournit un travail de 80.000 à 100.000 kilogrammètres. Si on considère 1.400 calories comme brûlées par l'homme au repos, 100.000 kilogrammètres de travail exigent 2.364 calories soit un total de 3.764 calories.

Les rations suivantes, correspondant un à travail fatigant mais non excessif, ont été données par divers expérimentateurs.

		Calories.
A. Gautier.	Ouvriers français à la pompe faisant un travail de 260.450 kilog	4.218
Id	Ouvriers agricoles du sud de la France.	4.560
De Gasparin.	Laboureurs du département du Nord.	5.874
Liebig.	Ouvrier bucheron allemand.	4.664

Les rations suivantes correspondent à un travail très rude et dans un climat froid :

		Calories.
Soukekow.	Ouvriers scieurs de bois d'Astrakan.	5.105
Toutovsky.	Mineurs de Tomsk	5.591
Ohlmülle.	Agriculteur autrichien	5.420
Atwater.	Charretiers carriers de Boston. . . .	7.535
Id	Equipe de football américain	6.590

Je ne cite que quelques rations : le tableau complet donne une moyenne de 5.290 calories.

M. A. Gautier calcule que sur 3.884 calories, 3.738 sont utilisées et que sur les 5.200 calories il y en a 5.000.

Les questions de race n'interviennent pas dans ces besoins : à Chicago, des familles canadiennes, bohémiennes, italiennes, russes, des chinois en Californie, des nègres dans l'Alabama, consomment à peu près la même ration.

On a essayé par une méthode empirique de se rendre compte de la consommation des divers aliments pour un groupe de populatoin.

M. A. Gautier a pris la moyenne de la population de Paris pendant deux périodes décennales 1880-1889 et 1890-1899 et la moyenne du chiffre de la consommation tel qu'il résulte des renseignements fournis par l'octroi et le service des halles et marchés[1].

Pour la seconde période, il a obtenu les résultats suivants : consommation par jour et par tête.

Albuminoïdes 102 grammes; graisse 56gr,54; hydrates de carbone 400gr,40 qu'il multiplie respectivement par 3,68, 8,65 et 3,88. Il obtient ainsi 2.460 calories nettes.

Dans la ration parisienne, les vins, bières, cidres comptent pour 69 grammes d'hydrates de carbone, les eaux-de-vie pour 17,2, soit 86,3 qui multipliés par 4,1 comptent pour 353,3 calories ou pour 14,38 p. 100.

Ce chiffre de 2.400, très faible, ne représente que la ration d'entretien, mais cette ration englobe les femmes, les vieillards, les enfants et les adultes hommes.

Sur la demande du gouvernement britannique, la *Royal society* a constitué au mois de juillet 1916 un comité chargé d'examiner *The Food supply of the United Kingdom*, soit la question de l'approvisionnement du Royaume-Uni.

Le Comité a établi, d'après les statistiques du *Board*

1. Voir *op. cit.*, p. 13 et 22.

of Trade, le relevé de la moyenne annuelle des aliments solides importés ou produits dans le Royaume-Uni pendant la période quinquenale 1909-1913.

Il a pris les cœfficients de Rubner, plus élevés que ceux adoptés par M. Armand Gautier : pour les albuminoïdes ou matières protéiques[1] et hydrates de carbone 4,1 calories par gramme et pour la graisse 9,3 calories.

Voici les totaux du tableau :

Tonnes métriques.	Albuminoïdes.	Graisses.	Hydrates de carbone.	Calories mille.
		Mille tonnes.		
22.371	1.438	1.651	7.262	51.091
		Grammes.		

par tête et par jour :

»	87	100	440	3.091

Ce chiffre ne fait pas non plus de distinction entre les rations par sexe et par âge.

Dans son *Essai d'arithmétique politique* sur *les Premiers Besoins de l'intérieur de la République*, publié en 1796[2], le célèbre mathématicien Lagrange avait évalué que la consommation totale de tous les habitants de la France, y compris les femmes et les enfants, devait représenter les quatre cinquièmes de la consommation d'un nombre égal de soldats. Je suis arrivé à des résultats semblables[3], mais par prudence, j'ai réduit

1. V. *Journal des Économistes*, mars 1917, le tableau complet.

2. Publié par Roederer, dans son *Journal d'Économie politique. Collection des principaux économistes.* Guillaumin. *Mélanges d'Économie politique*, t. I, p. 608.

3. Voir Yves-Guyot. *La comédie protectionniste*, p. 129 et suiv.

ce nombre de rations au quart. Le Comité du *The Food supply*, réduit la population à 77 p. 100 ce qui, à trois unités près sur cent, donne le chiffre obtenu par les évaluations de Lagrange et est de 2 p. 100 supérieur à celui auquel je me suis arrêté.

La ration parisienne, augmentée d'un quart, donne 3.000 calories.

La ration minimum d'un adulte faisant un service actif modéré devant être de 3.400 calories, la ration parisienne est donc trop faible et elle comprend la boisson.

Le comité du *Food supply* fait deux parts :

Militaires (4 millions).

Albuminoïdes	140
Corps gras	180
Hydrates de carbone.	500

Civils (31,8 millions de rations, hommes adultes).

Albuminoïdes.	106
Corps gras	120
Hydrates de carbone	503

Le Comité trouve que cette base d'alimentation d'avant guerre, serait plus que suffisante tant à l'égard des albuminoïdes que des aliments dynamogènes : mais le *Committee of food supply*, pour calculer le nombre des matières protéiques et des calories fournies, a pris un cœfficient plus élevé que celui choisi par M. Armand Gautier ; il a pris le poids du marché. Or, entre le poids du marché et le poids de la viande ou des légumes consommées, il y a une forte différence. Les céréales sont comptées avec leur écorce; la viande, avec ses os et ses déchets ; les œufs avec leur coquille;

les légumes avec les épluchures qu'on leur enlève avant de les mettre dans la marmite ou dans la casserole. M. Armand Gautier a tenu compte des déchets.

M. Armand Gautier a réduit 269gr,7 fournis par la viande de boucherie, de porc, la charcuterie, la volaille et le gibier, le poisson à 216 grammes, soit une diminution de près d'un quart.

Même en tenant compte des déchets, on n'a pas l'utilisation exacte des aliments consommés. Ils ne contiennent pas tous exactement les proportions des éléments plastiques aux éléments dynamogènes déterminés dans le laboratoire.

Pour que l'individu l'obtienne, il est obligé à un gaspillage d'aliments, au petit bonheur.

La diététique d'une population n'est pas seulement réglée par ses besoins physiologiques : elle est réglée par son pouvoir d'achat, par les objets qu'elle a à sa disposition et par des vieilles coutumes.

La ration parisienne qui comprend les boissons alcooliques est faible au point de vue des calories : la ration britannique, calculée plus largement ne contient pas les boissons et le *Committee of food supply* dit de l'alcool :

Appendice X. — Des expériences décisives ont montré que l'alcool, s'il est pris en quantités modérées, est très complètement brûlé dans le corps humain dans la proportion de 94 p. 100. Cette combustion assure de l'énergie au corps. Des observations quantitatives ont montré que cette énergie a besoin de n'être pas perdue en chaleur, mais peut être employée à supporter d'autres fonctions du corps. Cela étant, une quantité modérée d'alcool peut, dans des conditions données, prendre la place dans la nourriture d'une quantité dynamiquement équivalente de graisse ou de sucre. S'il ne possédait pas d'autres qualités, la valeur alimentaire de l'alcool serait mesurée par sa valeur en calories. Mais l'alcool exerce, comme une drogue, des effets qui ne peuvent être méconnus quand on apprécie sa valeur comme aliment. Ces effets sont d'autant plus importants que l'individu est appelé à faire un travail plus violent ou à subir des endurances climatériques.

Le sucre, l'amidon sont d'excellents hydrates de carbone; mais on a voulu essayer de faire consommer du sucre aux soldats, quand le général André était ministre de la Guerre. On les réunissait le long d'une table et on leur faisait manger des morceaux de sucre par ordre. Il m'a dit lui-même que beaucoup avaient des aigreurs et en étaient dégoûtés. Un verre de vin ou d'eau-de-vie n'aurait pas provoqué la même répulsion chez eux.

Il résulte des expériences d'Atwater et des études que nous avons analysées :

1° *L'alcool est un aliment qui a une action préservatrice sur les albuminoïdes; il est apte à remplacer des poids isodynames d'amidon ou de sucre.*

2° *Le travail des muscles et probablement aussi celui du système nerveux consomme à peu près uniquement des hydrates de carbone.*

3° *Les albuminoïdes donnent* 4,1 *calories et les graisses* 9,3 *calories par gramme; mais les albuminoïdes perdent* 45 *p.* 100 *de leur énergie utilisable, les graisses* 15 *p.* 100.

4° *Dans l'alcool il n'y a pas de déchet; un gramme d'alcool fournit plus de* 7 *calories.*

5° *La consommation constante à la dose de* 1gr,2 *à* 1gr,3 *par kilo de l'être humain est considérée comme indemne de tout danger. Réduite par prudence à* 1 *gramme, elle donne pour le Français moyen pesant* 65 *kilos,* 455 *calories.*

6° *L'alcool est l'aliment qui, sous un moindre volume, sous la forme la plus portative et la plus assimilable, au meilleur marché (impôt non compris), donne le maximum de calories.*

J'ajouterai à ces conclusions cette banalité :

L'acool pèche par excès de qualités. Il faut, comme pour toute chose, en user dans la mesure utile et ne pas en abuser.

LIVRE II

LA CONSOMMATION DE L'ALCOOL

CHAPITRE PREMIER

CHRONOLOGIE DES ALCOOLS

A entendre les délirants de l'anti-alcoolisme, les boissons alcooliques ne seraient consommées que d'hier. Elles seraient apparues à peu près en même temps que le télégraphe électrique.

Le Dr Huss, de Stockholm ayant intitulé en 1849-1850 un volume *Alcoolimus chronicus*, l'alcoolisme ne daterait que de cette époque.

Cependant on veut bien reconnaître que les boissons fermentées sont antérieures, et l'alcool éthylique en est l'élément essentiel. C'est parce qu'il en avait absorbé une trop grande quantité, en buvant du vin, que Noë s'était enivré, mais il n'était certainement pas le premier homme victime de cet accident. On trouve la vigne dans la paléontologie végétale de l'âge tertiaire ; et certains hommes de l'âge quaternaire le plus reculé ont dû en faire usage.

La bière était connue des Égyptiens au temps des Ptolémées. Aristote a décrit l'ivresse qu'elle causait. La boisson que les Germains et les Gaulois buvaient, sous le nom de cervoise, était une espèce de bière.

Les Romains trouvèrent le cidre en Normandie; toutefois il paraît que l'usage n'en est devenu commun qu'au XIIIe siècle.

— Mais ce sont des boissons fermentées.

— Soit, mais si vous en supprimez l'alcool qu'en reste-t-il?

L'alcool, produit de la distillation, ne date pas d'hier.

On convient généalement que le mot *alcool* est d'origine arabe (*Al*, le, la *cohol*, *kool* qui vient de *gochl*, *cohl*: subtile chose, poudre très fine[1]).

Arnaud de Villeneuve, dans son ouvrage, *De Conservanda Juventute* paru en 1309 dit : « On extrait par distillation du vin, de la lie, etc., le vin ardent dénommé aussi *eau-de-vie :* c'est la portion la plus subtile du vin, c'est l'eau permanente ou bien l'eau-de-vie. Elle prolonge la vie et voilà pourquoi elle mérite d'être appelée *eau-de-vie*.

« L'eau-de-vie guarit l'homme du venin ; s'il en boit, lui faict avoir bonne alaine; elle purge la poitrine et l'estomac refroidu ; elle conforte toutes les vertus animales spécialement la mémoire; collyrisée dans l'œil, elle guarit les maladies des yeux quand elles sont nouvelles.

« Cette eau-de-vie est une eau d'immortalité, elle prolonge les jours, dissipe les humeurs peccantes, ramine le cœur et entretient la jeunesse ».

Raymond Lulle (1235-1315) décrit le procédé employé pour préparer l'eau-de-vie : « Vous distillerez du vin

1. V. *L'alcool* par Louis Jacquet, p. 5 et suiv.

au bain de saule par un feu très lent pour en obtenir l'eau-de-vie. Rectifiez le premier produit autant de fois qu'il sera nécessaire pour l'avoir sans flegme. Vous obtiendrez ainsi la quintessence de l'esprit-de-vin ».

Tous les ouvrages d'alchimie parlent désormais de la distillation et de la production de l'eau-de-vie.

Au XVIe siècle, l'eau-de-vie était employée dans les ménages, comme le constate le passage suivant du livre : *Les délices de la campagne*, 5e édition, M.DC.LXXIII, p. 641, relatif à la préparation du rossolis, du popolo, de l'aigre de cetre, etc. : « Toutes ces boissons sont préparées de sucre fin, de bonne eau-de-vie ou d'esprit-de-vin, de jus de citron, etc. ». Il mentionne aussi l'épreuve de la cuiller pour reconnaître si l'eau-de-vie est séparée de son flegme.

On a dit qu'à cette époque l'eau-de-vie entrait dans l'alimentation des cuivreurs de Hongrie.

En 1581, les Anglais distribuèrent de l'eau-de-vie à leurs troupes engagées dans les Pays-Bas.

En 1646, Brouant publia un *Traité de l'eau-de-vie ou anatomie théorique et pratique du vin* [1].

Au XVIe siècle, le droit de distiller et de vendre des eaux-de-vie appartenait aux épiciers, apothicaires, vinaigriers. En 1624 fut fondée la corporation des distillateurs, faiseurs d'eau-de-vie, que Louis XIV érigea en 1637 en métier juré. En 1676 les limonadiers et distillateurs fusionnèrent en une seule corporation avec privilège de distiller, fabriquer et vendre vins, liqueurs, essences parfumées, eaux-de-vie, etc.

A la fin du XVIIIe siècle, Baumé fit construire des

1. Conférence sur l'alcoolisme, 1882, par M. Ardouin.

alambics de grande contenance, l'un de 20 muids (5.360 litres). Les frères Ougaud de Genève, en 1780, installèrent à Valegisac (Hérault) une brûlerie contenant 4 chaudières permettant de distiller 9.387 litres de vin par vingt-quatre heures.

Dès le XVIIe siècle, aux Antilles on obtenait des écumes et mélasses de la fabrication du sucre de canne, que les nègres appelaient *tafia*, les blancs *guildives*, et à laquelle, dans les colonies anglaises, on donnait le nom de rhum.

Pour protéger la production et le commerce des eaux-de-vie de vin, le Gouvernement invoqua l'hygiène et une déclaration du roi du 24 janvier 1713 porte que « le commerce des eaux-de-vie de mélasses ou sirops de sucre, bière, cidre, poiré, hydromel, grains, marcs de raisins, lie et bassière de vin est défendu à peine de confiscation et de 3.000 livres d'amende, exceptions portées par la déclaration pour la Normandie et partie de la Bretagne. »

On répète volontiers que l'eau-de-vie de grains est toute récente : et on fait des dissertations sur l'innocuité des eaux-de-vie de vin et la nocivité des autres alcools.

On fabriquait de l'alcool de grains au moins au commencement du XVIIe siècle.

Un médecin saxon, Libanius (1560-1616), a donné la description d'un procédé de fabrication de l'eau-de-vie avec des grains qui lui en a fait attribuer la découverte, mais il dit lui-même qu'il ne fait que décrire une fabrication déjà pratiquée avec de la bière, des grains, des glands, des châtaignes.

Angelo Sala, chimiste italien, qui mourut en 1640 en

Allemagne, écrit, dans son livre *Opera medico-chimica* publié à Francfort : « Pour fabriquer l'eau-de-vie de grains, *alors très en usage dans les pays septentrionaux de l'Europe,* on se sert de grains de blé grossièrement moulus, etc. » Au commencement du XVIIe siècle, on fabriquait et on vendait de l'eau-de-vie de grains en Allemagne, à Magdebourg, dans le Harz. Au commencement du XVIIe siècle, en Suède, toute exploitation agricole avait sa distillerie.

En France, un arrêt du Conseil d'Etat du Roy du 4 juin 1709 dans le but d'éviter une disette éventuelle de grains « fait défense de brasser des bières et de faire des eaux-de-vie avec du blé jusqu'au 15 octobre prochain ».

Jusqu'en 1690, l'Angleterre importait le *brandy* (l'eau-de-vie de vin) de France, le *gin* de Hollande et le *whisky* d'Irlande. Les distilleries n'y prirent d'essor qu'à partir de cette date. La consommation du gin, produit du seigle, parfumé de genièvre, s'étendit avec rapidité. En 1700-1701, on étendit aux débits de spiritueux le régime qui réglait les débitants d'ale. Fielding annonçait, dans ses romans, que l'Angleterre se noyait dans le gin. On trouvera plus loin la description que lord Lansdale faisait en 1732 de l'ivrognerie à Londres.

Dans les Pays Scandinaves, on importait de l'eau-de-vie ; mais à partir du XVIe siècle, on buvait surtout du *bran de vin*, produit de la distillation du seigle, contenant de 40 à 50 p. 100 d'alcool. Voltaire, au commencement de l'*Histoire de Charles XII*, dit des Suédois : « Ils vivent longtemps quand ils ne s'affaiblissent pas par l'usage des liqueurs fortes ». Gustave-Adolphe et Charles XII essayèrent de la prohibition et ne réussirent pas.

Quand Gustave III devint roi, en 1771, il voulut faire de sa cour la rivale de Versailles. Il en résulta qu'il eut besoin de ressources et, pour en obtenir, il essaya, sans succès, d'établir le monopole de l'alcool.

Les Gênois introduisirent, au XVIe siècle, l'usage de la *vodka* (alcool de grains) en Russie. Le gouvernement en avait établi le monopole par fermes, système qui a duré jusqu'en 1862 et qui a été remplacé, en 1895, par le monopole qui a duré jusqu'à la fin de 1914.

L'alcool de betterave était connu en Allemagne et en Belgique à la fin du XVIIIe siècle. En France, l'appareil de M. Deros qui perfectionna la fabrication de l'alcool obtenu des betteraves, mélasses, céréales et pommes de terre date de 1818. De 1825 à 1850, les alcools d'industrie ne représentaient que 8 p. 100 de la production totale; ce fut à partir de 1855 qu'ils se développèrent.

On trouve l'usage de l'alcool répandu sur toute la terre depuis des siècles chez les populations les plus diverses. M. Armand Gautier dit [1] : « En Chine, le *mandurìng* et le *fan-tsou ;* dans les Indes, l'*arak;* au Thibet, le *chong;* en Nubie, le *bouja* s'obtiennent depuis des siècles en faisant fermenter les infusions de riz ou d'autres céréales bouillies et mélangées ou non de miel et d'épices.

« *Le vin de palme*, le *pulqué* du Mexique, le *cachaca* du Brésil, le *guaruzo* de l'Amérique du Sud, le *mobi* de Virginie, etc., se préparent avec les sèves sucrées du palmier, de l'agave, des cannes à sucre, et les décoctions de riz ou de pommes de terre. En Norvège, on fait fermenter la sève du bouleau ; dans les Alpes, l'infusion

1. V. A. Gautier, *op. cit.*, p. 332.

de racine de gentiane; dans le nord de l'Europe on a fait longtemps, et on fait encore, l'*hydromel* avec le miel des abeilles.

« Enfin on connaît le kefir des Arabes et le koumys des Cosaques obtenus avec les laits fermentés de chamelle et de jument. Il n'est pas jusqu'au *kangangtsyjen*, fabriqué par des Tartares avec la chair d'agneau mélangée de riz cuit et d'autres végétaux mis en fermentation, qu'on n'utilise comme boisson alcoolique.

« Cette universelle coutume de fabriquer et de consommer les liqueurs fermentées de toute origine ne démontre peut-être pas leur nécessité absolue, mais elle semble bien répondre à la satisfaction d'un besoin universel, instinctif et puissant.

« Le principe caractéristique et commun de toutes ces boissons fermentées, c'est l'alcool. »

Conclusion :

1° L'alcool de vin est connu en Europe au moins depuis sept à huit siècles.

2° L'alcool de grains et autres substances amylacées était consommé en Allemagne et en Suède dès la fin du XVIe siècle.

3° En 1713, le Gouvernement français interdit les taflas des colonies pour assurer le monopole en France des eaux-de-vie de vin.

4° Pour interdire les autres alcools, en 1713, il se servit du prétexte hygiénique exactement comme il en a fait usage depuis.

5° Les excès des boissons alcooliques n'ont eu ni pour la Grande-Bretagne, ni pour les Pays Scandinaves les effets fâcheux qui étaient prédits dans la première moitié du XVIIIe siècle.

CHAPITRE II

LA CONSOMMATION COMPARÉE DE L'ALCOOL

En 1906, le *Board of Trade* publia un rapport de la consommation des boissons pendant les quinze dernières années dans divers pays. La seule constatation qu'on en peut tirer est une augmentation de la consommation de la bière dans tous les pays, sauf dans le Royaume-Uni et la Norvège où la diminution de la consommation a été importante.

Ces mouvements n'ont pas de rapport avec la législation et la propagande anti-alcoolique [1]. Le mouvement de la tempérance était dirigé en Norvège bien plus contre les spiritueux que contre la bière ; et la consommation des spiritueux y avait augmenté de 1897 à 1905. M. Shadwell attribue cette augmentation à l'introduction des bières légères (*lager beer*), surtout en France, en Belgique, en Suède et dans l'Amérique du Nord ; mais il est difficile de dire si cette augmentation de la consommation de la bière a eu de l'influence relativement à la consommation des spiritueux. La consommation du vin a eu pendant cette période une tendance à augmenter.

Dans le tableau dressé par le *Board of Trade* en 1906

1. Shadwell, art. *Temperanc. Encyclopædia Britannica*, XIe éd., t. 26, p. 582.

et dont les tempérants reproduisent souvent le total, on trouve :

CONSOMMATION DE L'ALCOOL (PROOF SPIRITS) EN GALLONS 1904-1905 (Le gallon = 4 litres 1/2).

Moyenne par tête.

	Vins	Bières	Spiritueux	Total
France	7,70	0,63	1,36	9,69
Italie	6,27	»	0,26	6,53
Belgique.	0,25	3,84	1,35	5,44
Suisse.	3,35	1,11	0,96	5,42
Espagne.	4,62	»	»	4,62
Portugal.	4,27	»	»	4,27
Autriche.	0,97	1,23	2,06	4,26
Allemagne. . . .	0,36	2,08	1,75	4,19
Danemark. . . .	»	1,64	2,54	4,18
Royaume-Uni . .	0,08	2,35	0,99	3,42
Hongrie.	0,97	0,12	1,89	2,98
Etats-Unis. . . .	0,11	1,23	1,21	2,55
Suède.	»	1,00	1,46	2,46
Australie	0,32	0,94	0,88	2,14
Hollande.	0,09	»	1,50	1,59
Nouvelle-Zélande	»	0,74	0,69	1,43
Canada	»	0,40	0,85	1,25
Russie.	»	»	0,95	0,95
Cap.	»	0,12	0,75	0,87
Norvège.	»	0,25	0,60	0,85

Nous avons cru utile de convertir en titre les gallons britanniques *proof spirit* (1 gallon (proof spirit) = 4,50 à 57°.)

Moyenne par tête.

	Vin	Bière	Spiritueux	Total
	Litres.			
France.	34,65	2,83	4,08	41,56
Italie.	28,21	»	0,78	28,99
Belgique	1,12	17,28	4,05	22,45

Moyenne par tête (suite).

	Vin	Bière	Spiritueux	Total
	—	—	—	—
		Litres.		
Suisse	15,97	4,99	2,88	23,84
Espagne	20,79	»	»	20,79
Portugal	19,21	»	»	19,21
Autriche	4,36	5,53	6,25	16,14
Allemagne	1,62	9,36	5,25	16,23
Danemark	»	7,38	7,62	15,
Royaume-Uni. . .	0,36	10,57	2,97	13,90
Hongrie	4,36	0,54	5,67	10,57
Etats-Unis	0,49	5,53	3,63	9,65
Suède	»	4,50	4,38	8,88
Hollande.	0,40	»	4,50	4,90
Australie.	1,44	4,23	2,64	8,31
Nouvelle-Zélande.	»	3,33	2,07	5,40
Canada.	»	1,80	2,55	4,35
Russie.	»	»	2,85	2,85
Cafi	»	0,54	2,25	2,79
Norvège	»	1,12	1,80	2,92

Quand on ne cite que le total, la France vient en première ligne, c'est incontestable : mais l'Italie vient en seconde ligne et c'est cependant un pays qui a la réputation d'être sobre ; l'Espagne et le Portugal viennent au cinquième et au sixième rangs, tandis que l'Allemagne ne vient qu'au huitième, le Danemark qu'au neuvième, le Royaume-Uni qu'au dixième, la Russie qu'au dix-huitième, la Norvège qu'au vingtième. Pourquoi ?

Est-ce que les Espagnols et les Portugais avaient usurpé leur réputation de sobriété ? pas du tout, même dans un grand port comme Barcelone, les cas d'ivresse sont exceptionnels, on n'en voit jamais dans le sud de l'Espagne, jamais en Portugal, mais ils boivent, enfants compris, de l'eau légèrement coupée de vin.

La Belgique vient au troisième rang, mais grâce à son énorme consommation de bière à laquelle participent les enfants. Quand un dimanche matin, on partait de Bruxelles vers 6 heures par la gare du Nord, on voyait des enfants manger un petit pain avec une bonne chope de bière.

Par son rang, la Russie est certainement un des pays les plus sobres : mais cela tient à la proportion énorme des enfants de zéro à neuf ans qui comptent pour 27,3 p. 100. La consommation, au contraire, de l'Australie occidentale, était très forte par tête, à cause du petit nombre d'enfants.

Ce petit nombre d'enfants augmente aussi la quantité de la consommation en France, mais quel est le principal coefficient des 9,69 gallons (44l,56) d'alcool absorbés par habitant ? 7,70 (34l,65) viennent du vin : les spiritueux ne représentent que 1,36 (4l,08), tandis qu'en Autriche ils représentent 2,06 (6l,25), en Allemagne 175, (5l,25), en Suède 1,46 (4l38,), en Hollande 1,50 (4l,50).

Dans le Royaume-Uni, les spiritueux ne comptent que pour 0,99 (2l,97) tandis que la bière compte pour 2,35 (10l,57). C'est la bière qui y est la boisson nationale.

Le calcul en 1915 pour la répartition de la quantité d'alcool (*proof spirit*) consommée par tête donne :

	gallons	litres
Spiritueux.	0,740	2,22
Vin.	0,066	0,27
Bière	2,525	11,34
	3,381	13,83

La proportion de la consommation entre ces diverses boissons varie peu. En 1872 et en 1900, années de grande activité économique, la consommation atteignit son plus haut chiffre 4 1/2 (20l25,) gallons. Une personne buvant une demi-pinte de clairet par jour ou une pinte de bière consomme environ 4 gallons d'alcool (18[l]) par an[1].

Les chiffres du *Statistical abstract* des Etats-Unis se rapportent à des gallons (*proof spirit* = 3.785 à 50°. La conversion a été faite à 3,80).

D'après le *Statistical abstract* voici la consommation à quelques dates caractéristiques.

	Vins	Bières	Spiritueux	Total
		Mille gallons.		
1850	6.316	36.563	51.833	94.713
1860	10.804	101.346	89.968	202.120
1870	12.225	204.756	79.896	296.876
1880	28.098	414.220	63.526	505.845
1900	29.988	1.222.387	97.956	1.349.732
1905	35.060	1.538.526	120.869	1.694.456
1907	57.789	1.822.313	140.084	2.020.136
1908	52.121	1.828.732	125.379	2.006.253
1911	63.859	1.966.911	138.586	2.169.357
1913	55.327	2.030.347	147.745	2.233.420
1914	52.418	2.056.407	143.447	2.252.272
1915	32.912	1.855.524	127.159	2.015.595

Voici convertis en litres les chiffres ci-dessus.

	Vins	Bières	Spiritueux	Total
		Mille litres.		
1850	23.900	1.389.394	1.313.102	2.726.396
1860	410.552	3.851.148	2.279.188	6.540.888
1870	464.550	7.880.728	2.024.032	10.369.310
1880	1.067.724	15.740.360	1.609.324	18.417.408
1900	1.139.544	46.450.706	2.481.552	50.071.802
1905	1.332.280	58.463.988	3.128.680	62.924.948
1907	2.195.982	69.247.894	3.548.794	74.992.670
1908	1.980.598	69.491.816	3.176.268	74.648.682
1911	2.426.642	74.742.618	3.510.844	80.680.104
1913	2.102.426	77.153.186	3.742.872	82.998.484
1914	1.991.884	78.143.466	3.633.990	83.769.340
1915	1.250.656	70.309.912	3.221.360	74.981.928

1. *The Brevers Almanach*, 1917, p. 169.

Voici pour les mêmes années la consommation par tête (gallons).

	Vins	Bières	Spiritueux	Total
		Gallons.		
1850	0,27	1,58	2,24	4,08
1860	0,34	3,22	2,86	6,43
1870	0,32	5,31	2,07	7,70
1880	0,47	6,93	1,99	8,79
1900	0,39	16,09	1,28	17,76
1905	0,41	18,02	1,42	19,85
1907	0,65	20,56	1,58	22,79
1908	0,58	20,26	1,29	22,22
1911	0,67	20,66	1,46	22,79
1913	0,56	20,62	1,50	22,68
1914	0,52	20,54	1,43	22,50
1915	0,32	18.24	1,25	19,80

Moyenne par tête.

	Vins	Bières	Spiritueux	Total
		Litres.		
1850	1,02	6	5,68	12,70
1860	1,29	12,23	7,24	20,76
1870	1,21	20,17	5,24	26,62
1880	1,78	36,33	5,04	43,15
1900	1,48	61,14	3,24	65,86
1905	1,55	68,47	3,60	73,62
1907	2,47	78,12	4 »	84,59
1908	2,20	76,98	3,27	82,45
1911	2,54	78,50	3,70	84,74
1913	2,12	78,35	3,80	84,27
1914	1,97	78,05	3,49	83,51
1915	1,21	69,31	3,17	73,69

La consommation de la bière par tête de 1870 à 1913 a augmenté de près de 300 p. 100. Elle n'a baissé qu'en 1908, après la crise de 1907, et qu'en 1914 et en 1915, années de guerre.

Les variations de la consommation paraissent surtout tenir à des raisons économiques. Le premier semestre de 1907 subissait encore l'impulsion que lui avait donnée l'activité de l'année précédente. Les chiffres de tous les genres de consommation sont très élevés. La crise éclate au mois d'octobre. Les consommations de tous genres baissent. Elles ne remontent qu'en 1911.

De 1880 à 1900 il y a eu une baisse sur la consommation des spiritueux de 1,09 à 1,28; mais c'est son étiage; depuis cette date, sauf en 1915, année exceptionnelle, elle n'a jamais été à un niveau aussi bas.

M. Lucien March dans l'*Annuaire statistique de la France* (33e vol. 1913, p. 226, 214 et pour la France p. 110, 111) a essayé de donner la quantité de litres d'alcool pur consommé par tête dans divers pays.

	1871	1880	1890	1900	1905	1910	1912
France	2.81	3.64	4.35	4.66	3.57	3.59	3.86
Royaume-Uni	3.08	3.08	2.64	2.88	2.44	1.50	1.76
Allemagne	3.9	4.3	4.7	4.4	3.7	2.8	2.9
Italie	0.44	0.90	0.71	0.62	0.70	0.63	»
Russie	»	»	»	2.57	2.78	2.95	»
Belgique	2.54	4.60	4.64	4.72	2.83	2.58	2.72
Pays-Bas	4.37	4 91	4.46	4.11	3.69	2.63	3.23
Suisse	»	»	3.13	2.23	2.05	2.20	1.91
Danemark	9.24	8.74	8.00	6.80	7.11	6.34	5.74
Suède	5.90	5.05	3.35	4.35	3.55	3.30	3.30
Norvège	2.46	1.84	1.56	1.57	1.26	1.60	1.61
Etats-Unis	3.06	2.40	2.65	2.46	2.68	2.70	2.72

Il ne s'agit dans ce tableau que de la consommation officielle, résultant des quantités taxées, mais à côté, il y a des sources de production et de consommation d'alcool. En France nous avons les bouilleurs de cru dont la loi du 30 juin 1816 a supprimé le privilège, mais en laissant à chaque exploitant une allocation en franchise de 10 litres d'alcool pur.

En Allemagne des avantages sont accordés aux petits industriels qui distillent les fruits de leur récolte. En Autriche, on accorde comme consommation familiale en franchise 50 litres d'eau-de-vie à 50 degrés ; au Tyrol, l'exemption va jusqu'à 112 litres, en Hongrie, Croatie, Transylvanie, à 106 litres. En Russie, le monopole n'avait pas supprimé la distillation des fruits.

En Espagne, la quantité accordée aux viticulteurs en franchise s'élève à 50 litres d'eau-de-vie titrant 65 degrés. En Italie, le privilège des bouilleurs de cru a été supprimé par la loi du 24 juin 1888, mais les producteurs de vin reçoivent des bonifications d'impôts qui s'élèvent de 25 à 35 p. 100.

En Suisse, le monopole n'existe que pour l'alcool dit d'industrie. Tous les cultivateurs peuvent distiller leurs vins et leurs fruits et vendre de 40.000 à 80.000 hectolitres d'alcool, selon les années, sans payer de droits[1].

Dans le chapitre sur le système de Gothenbourg, on verra que de fortes quantités d'alcool ne sont pas comprises dans la consommation des *bolags*.

Comme l'avait reconnu l'Institut international de statistique, dans sa session de Vienne, en 1913, *l'étude comparée de la production et de la consommation de l'alcool ne repose sur aucune base sérieuse. Les déductions qu'on tire des chiffres produits sont sans valeur*.

Les anti-alcoolomanes donnent des chiffres qui n'ont aucun rapport avec les statistiques que je viens de citer. Voici deux exemples qui concernent la Belgique.

1. Barthe. Chambre des députés, Séance du 23 juin 1916.

Au nom de la *Ligue patriotique contre l'alcoolisme*[1] M. Henri Martel dit :

« On boit en Belgique chaque année plus de 70.000.000 de litres d'alcool. Pour une population de 6 millions d'habitants, défalcation faite des femmes et des enfants, c'est une moyenne de plus de 46 litres par an et par tête. »

Dans son discours du 4 juillet 1911, M. E. Beu, gouverneur de la province de Brabant, disait :

« En dépit de certaines statistiques erronées à raison de ce qu'on y avait compris la consommation de l'alcool industriel, la consommation de l'alcool de bouche, qui s'élevait à 10 litres de 1890 à 1895. est tombée, en 1909, à 5 litres 29 par habitant.

Ces chiffres n'ont aucun rapport avec ceux qu'a relevés M. Lucien March dans la *Statistique du commerce extérieur de la Belgique.*

Mais toutes ces statistiques sont un peu faibles ; car comme le faisait remarquer M. A. G. Herzfeld la plupart des matières que nous consommons contiennent de l'alcool qui n'entre pas dans ces statistiques : le sucre, le pain, les pommes de terre. Le Dr Bent, le chimiste de Somerset House, déclare que sur 400 boissons, dites non alcooliques, il n'en a pas trouvé une qui ne contînt plus des 2 p. 100 tolérés par l'*Excise* pour les boissons qui peuvent être vendues sans licence ; quelques-unes en contiennent 10 p. 100 et la femme, que les magistrats d'Essex condamnèrent à 3 livres d'amende pour avoir vendu sans licence du « ginger beer » parce qu'il contenait plus de 2 p. 100 d'alcool[2], fut une victime.

1. *Alcool et commerce*, Bruxelles 1892, p. 20.

2. A. G. Herzfeld. *Le péril de la boisson et son remède*, *Westminster review*, avril 1897.

CHAPITRE III

LA CONSOMMATION DE L'ALCOOL EN FRANCE

A en croire certaines allégations, la consommation de l'alcool augmenterait en France dans des proportions effroyables. On verra ce que valent ces assertions d'après le *Tableau publié par l'administration des contributions indirectes*[1].

	Production.			Consommation.	
	Quantités fabriquées chez les distillateurs et les bouilleurs de cru contrôlés.	Chez les bouilleurs de cru non contrôlés, évaluation.	Total.	Quantités imposées.	Quotité moyenne par habitant.
	—	—	—	—	—
	En mille hectolitres.				Litres.
1853-57.	1.177	364	1.541	873,0	2 34
1869. .	1.151	260	1.411	1.008,7	2 63
1872. .	1.431	452	1.891	755,4	2 69
1879. .	1.404	84	1.488	1.161,6	3 22
1883. .	1.971	40	2.011	1,488,6	3 98
1889. .	2.186	60	2,246	1.516,9	4 00
1899. .	2.509	91	2.600	1.754,8	4 59
1900. .	2.452	204	2.656	1.782,8	4 66
1903. .	2.001	46	2.047	1.368,9	3 54
1908. .	2.245	293	2.538	1.339,5	3 44
191.. .	3.107	203	3.310	1.515,8	3 86
1913. .	2.734	220	2.954	1.558,2	3 96
1914. .	1.454	200	1.654	1.316,5	3 35
1915. .	1.668	319	1.987	1.101,1	3 04

1. V. *Bulletin du ministère des finances*, novembre 1916, p. 699.

En 1916, la consommation de l'alcool est tombée à 750.000 hectolitres, alors que la moyenne de 1840 à 1850 était de 891.500 hectolitres.

Je prends le chiffre de la dernière année normale 1913 : la consommation est de $3^{l},96$, supérieure seulement de 0,7 centilitres à ce qu'elle était en 1879 ; inférieure de 0,04 centilitres à ce qu'elle était en 1889 et de 0,63 centilitres à ce qu'elle était en 1899.

Enfin, pendant les trois années de guerre, 1914, 1915, 1916, les chiffres [illegible]t très inférieurs à ce qu'ils étaient en 1912 et en 1913.

La consommation des villes est plus considérable que celle des campagnes. Voici les deux telles qu'elles ont été établies par le ministère des Finances.

Il y a eu augmentation pour la période de 1885 à 1895, il y a eu diminution de 1895 à 1905 et de 1905 à 1915, tandis que la recrudescence de la campagne anti-alcoolique ferait croire que la consommation n'a cessé d'augmenter.

En 1895 la consommation par tête était de $4^{l},28$ au lieu de 3,86 en 1885 ; il y avait donc eu augmentation en 1895. Mais en 1905, la consommation avait baissé à 3,57 et en 1915, elle n'était plus que de 3,04.

Pour 1915, il faut tenir compte de certains éléments perturbateurs : beaucoup d'hommes sont au front, donc il faut les déduire, mais d'un autre côté, beaucoup d'hommes qui seraient à la campagne sont mobilisés ou en garnison dans des agglomérations au lieu d'être à la campagne. Par conséquent, ils peuvent y relever le niveau de la consommation ordinaire.

Mais il y a des gens qui ne boivent pas d'alcool ; la majorité des femmes. même sous forme de liqueurs,

QUOTITÉ MOYENNE DE LA CONSOMMATION PAR HABITANT [1]

CATÉGORIES DE COMMUNES	1885		1895		1905		1915	
Habitants.	Population	Quotité	Population	Quotité	Population	Quotité	Population	Quotité
—	habit. mille	lit. cl.	habit. mille	lit. cl.	hab. mille	lit. cl.	hab. mille	lit. cl.
	—	—	—	—	—	—	—	—
Communes de 4.000 à 6.000. . . .	750,3	7,36	855,6	7,69	924,3	6,35	768,0	5,97
— 6.001 à 10.000. . . .	1.066,8	7,66	1.129,4	6,78	1.107,7	6,68	978,6	5,39
— 10.001 à 15.000. . . .	707,1	7,45	883,5	7,26	961,4	5,47	975,4	4,22
— 15.001 à 20.000. . . .	618,5	6,02	665,3	6,69	772,2	5,33	878,1	4,80
— 20.001 à 30.000. . . .	602,2	6,87	740,4	6,00	828,1	4,81	695,1	4,97
— 30 001 à 50.000. . . .	879,7	7,88	862,7	8,03	921,0	5,53	1.181,1	4,27
— 50.001 et au-dessus. .	4.247,3	6,61	5.029,9	7,31	5.975,7	4,82	6.371,6	3,56
TOTAL	8.872,4	6,97	10.167,2	7,21	11.490,6	5,26	11.848,2	4,17
CAMPAGNES.	28.526,9	2,90	27.887,3	2,93	27.175,7	2,86	24.431,7	2,49
TOTAL GÉNÉRAL	37.399,4	3,86	38.054,5	4,28	38.666,3	3,57	36.280,0	3,04

1. *Bulletin de statistique du Ministère des Finances*, p. 722-723, novembre 1916.

en boivent peu ; les enfants et les vieillards n'en font qu'une consommation restreinte, il s'agit donc de savoir comment cette quantité d'alcool se répartit.

Supprimer totalement les femmes, les enfants, les vieillards, c'est exagérer : mais, afin d'écarter toute chicane de détail, je quadruple le chiffre de la consommation par tête des hommes adultes ; je donne le chiffre de 15 litres par tête et par an. Cela fait pour 360 jours 4 centilitres par jour, soit une quantité inférieure à l'alcool que contient une demi-bouteille de vin faible à 8 ou 9 degrés d'alcool.

Les *teetotalers* trouveront que c'est effrayant, mais il est permis de railler M. Cheysson, qui, viticulteur important dans le Beaujolais, après avoir bu une demi-bouteille de son vin à 10 degrés à chacun de ses repas, voulait supprimer l'alcool sous sa forme condensée.

A ce taux de 4 centilitres par jour, nous sommes loin du gramme d'alcool par kilo du poids humain qu'Atwater et Armand Gautier considèrent comme sans inconvénient, la moyenne du poids de l'homme adulte en France étant estimée 65 kilos.

CHAPITRE IV

POST HOC ERGO PROPTER HOC

Voici un exemple donné par M. G. Schelle des singuliers raisonnements auxquels aboutissent les idées préconçues [1].

Le 3 octobre 1871, dans un avis sur les dangers des boissons alcooliques, avis adopté à l'unanimité par l'Académie de médecine, une commission composée de MM. Béclard, Chauffard, Gosselin, Verneuil et Bergeron, ce dernier rapporteur, l'Académie de médecine déclara :

« Il est même juste de reconnaître que s'il (l'usage des boissons fermentées) n'est pas indispensable à la santé, il n'est pas non plus sans utilité. »

Mais, en même temps, — ce qui montre à quelles conséquences peuvent conduire les opinions préconçues — il fut dit dans cet avis, par allusion aux événements cruels que la France venait de traverser :

« C'est à ce pernicieux usage (celui des boissons alcooliques) avant les repas et à ses progrès si rapides depuis vingt ans, qu'il faut attribuer en partie l'affaissement physique et moral dont le pays ressent encore si cruellement les tristes effets. »

Or, à cette époque, les statisticiens estimaient que

1. *Journal des Économistes*, novembre 1916.

l'Allemagne, qui nous avait vaincus, sans avoir une population supérieure à la nôtre consommait beaucoup plus d'alcool que nous. De Foville[1], dans un livre, publié en 1890, acceptait l'évaluation faite précédemment par M. Stourm, faute de renseignements plus précis, pour la consommation de l'alcool par tête :

Belgique, près de.	5 litres
Allemagne du Nord.	8 —

D'après les dernières évaluations, la France, grâce au vin, consommerait maintenant plus d'alcool que l'Allemagne[2]. La supériorité du soldat français sur le soldat allemand est évidente. Si nous raisonnions comme les membres de l'Académie de médecine de 1871, en prenant pour autorité la méthode si célèbre par ses erreurs, *Post hoc ergo propter hoc* (après donc parce que) nous dirions : le succès de nos poilus résulte de ce que la consommation de l'alcool en France a dépassé celle de l'Allemagne.

1. *La France économique.*
2. V. *Supra*, p. 51, 52, 56.

LIVRE III

LES CAMPAGNES ANTI-ALCOOLIQUES

CHAPITRE PREMIER

QU'EST-CE QUE L'ALCOOLISME?

Quiconque ne suit pas le conseil que ne cessait de répéter Voltaire : « Définissez les termes ! » est suspect : car il reste dans le vague, dans l'indéfini, dans l'équivoque. Pour se comprendre, il faut s'entendre sur le sens exact des mots dont on fait usage.

Je demande aux personnes possédées de l'obsession anti-alcoolique, qu'entendez-vous par alcoolisme?

Le Dr J. Bertillon a publié, en 1904, un livre intitulé : *L'alcoolisme et les moyens de le combattre jugés par l'expérience.*

Il fait observer que « la définition du mot alcoolique n'est guère précisée ».

M. Jacques Bertillon cite une statistique de l'asile d'aliénés du département de Vaucluse : d'après un directeur, tous ses aliénés étaient alcooliques ; d'après son successeur, il n'y en avait plus.

Au congrès anti-alcoolique tenu à Lyon, en 1907, le Dr Lépine fit écarter un vœu gênant pour les instituteurs en disant : « Comment voulez-vous que nous demandions des sanctions contre les instituteurs alcooliques? Nous ne pouvons pas dire où commence et où finit l'alcoolisme. »

Le Dr Jacquet demande : « Où commence l'alcoolisme ? » à cette question pas de réponse précise ; et il arrive à ce diagnostic :

« On s'accorderait tant bien que mal, à admettre que les gens de vie active, au grand air, peuvent consommer, sans dommage, un litre de vin ou l'équivalent de sa teneur en alcool : au delà commencerait le mal... »

Alors le médecin n'établirait pas son diagnostic d'après l'état physique du sujet observé, mais d'après les renseignements que lui donnerait celui-ci : « Combien buvez-vous ? — Un litre de vin. — Quelle est votre occupation ? — Je suis camionneur. — Bien, vous n'êtes pas alcoolique. — Et vous ? — Un litre et demi à peu près. — Bien, je vous inscris comme alcoolique ».

Le diagnostic dépendrait des dires de l'interrogé.

Depuis la guerre, dans les ambulances, on a pu constater la détestable influence de l'obsession anti-alcoolique sur certains médecins et chirurgiens. D'un coup d'œil, ils classaient tel ou tel comme alcoolique, sans autres renseignements. Quelques fois, ils allaient jusqu'à lui dire : « Etendez votre bras, ouvrez la main ». Si le malheureux tremblait, aussitôt le diagnostic était fait ; et il était rangé dans la section des alcooliques.

Dans leur polémique avec M. Karl Pearson, sir Victor Horsley et le Dr Basil Price avaient divisés les parents en deux classes ; les uns buvaient, les autres étaient des abstinents totaux ; « dans ce cas, disait M. Karl Pearson ils doivent être prêts à prouver que 67 p. 100 d'une population américaine qui contenait 32 p. 100 d'étrangers étaient des abstinents absolus. Il n'est guère douteux, croyons-nous, que ces 67 p. 100

d'abstinents, indiqués par les instituteurs d'école, représentent la classe que nous avons intitulée « parents sobres », dans le rapport d'Edimbourg, c'est-à-dire de gens buvant sans excès et sans accès ».

Le Dr Laitinen, finlandais dont les anti-alcooliques anglais invoquent volontiers l'autorité, dit qu'il appelle « abstinent » une personne qui n'a jamais pris d'alcool de sa vie, ou du moins pas depuis son mariage. Par le terme « modéré » il indique une personne qui ne prend pas plus d'un verre de bière par jour, et par « buveur » il désigne une personne qui prend davantage.

Nous retenons donc ce fait : *Les anti-alcooliques ne donnent pas de définition de l'alcoolisme.*

Ils s'agitent contre un mot variable et vague.

1. Eugenics. *Laboratory memory*, n° XIII, (p. 7).

CHAPITRE II

LES CAMPAGNES ANTIALCOOLIQUES A L'ÉTRANGER

Il y a eu des ivrognes dans l'Inde, en Perse, en Égypte, en Chine, en Palestine, en Grèce, à Carthage, à Rome : et partout où il y a eu des ivrognes, il y a eu des gens, se considérant comme d'une sagesse supérieure, dont les prêtres et les législateurs ont été les principaux représentants, qui ont blâmé l'ivrognerie et ont voulu la restreindre, un peu par la persuasion, le plus souvent par la contrainte.

Mahomet a été radical. Le Coran interdit les liqueurs fermentées et distillées.

En 1552, un *act* interdit en Angleterre, la consommation du vin sur place et limita le nombre des marchands qui avaient le droit de le vendre en détail. Mais on se plaignait aussi des désordres provoqués par la consommation de la bière.

En 1690, des distilleries, soumises à un droit très faible, furent installées.

Des bars s'ouvrirent, invitant, d'après Smollett, les gens « à s'enivrer pour un penny, » et « à tomber ivres morts » pour 2 pence, la paille sur laquelle ils pouvaient s'étendre étant gratuite.

En 1732, le recensement de Londres opéré par W. Maitland sur 95.968 maisons, trouva : brasseries 171, auberges 207, tavernes 447, débits d'ale 5.975, débits d'eau-de-vie (*brandy*) 8.659, soit 15.288 maisons de vente de boissons dont plus de moitié vendaient des spiritueux. On trouvait à boire dans une maison sur seize malgré les actes de 1728-1729 destinés à restreindre le nombre des débits. La population était de 750.000 personnes. On avait essayé en 1729, par l'augmentation du droit d'accise de réduire la consommation ; en 1736 fut passé le *gin act* soumettant tout vendeur de spiritueux par quantité inférieure à 2 gallons à une licence de £ 50 et à un droit de 20 s. par gallon vendu. Ces mesures provoquèrent un régime de corruption et de fraude. La consommation de 1733 à 1742 doubla en Angleterre et dans le pays de Galles. Les Anglais renversèrent le système : en 1742, les licences furent réduites à £ 1 et le droit de détail de 20 s. à 1 d. par gallon.

En 1743, lord Lonsdale disait à la Chambre des Lords :

> Partout dans cette grande métropole vous trouvez des misérables, insensibles et immobiles, couchés sur le pavé, préservés seulement par la charité des passants, d'être écrasés par les voitures ou piétinés par les chevaux.
>
> Ces liqueurs ne troublent pas seulement l'esprit, mais elles empoisonnent le corps ; elles remplissent nos rues avec des fous et nos prisons avec des criminels, nos hôpitaux avec des estropiés... Les femmes qui roulent dans cette débauche empoisonnée sont incapables de produire des enfants ou ne procréent que des malades dès leur naissance.

Le premier paragraphe a disparu du programme des anti-alcooliques, preuve que l'ivrognerie publique a de beaucoup diminué.

Le second paragraphe reste la base des lamentations et des imprécations des antialcooliques.

Les mesures prises à partir de cette époque, instituèrent d'une manière définitive un système modéré de licences, qui aboutit aux actes de 1821 et de 1828 pour l'Angleterre et pour l'Écosse et de 1833 pour l'Irlande. L'*act* de 1828 supprima aux « justices » le pouvoir discrétionnaire, qu'elles avaient possédé depuis 1495, de supprimer les licences : cependant les licences n'étaient accordées que pour une année et devaient être renouvelées chaque année.

Des sociétés de tempérance furent fondées aux États-Unis, en 1808, à Saragota, dans l'état de New-York et en 1813, dans le Massachusetts. En 1833, elles étaient au nombre de 6.000 comprenant un millier de membres; en 1836, l'*American Society* engloba dans son action la prohibition de toutes les boissons fermentées.

En Europe, des sociétés se fondèrent à partir de 1818 en Irlande. En 1831 fut fondée *la British and Foreign temperance society* avec l'archevêque de Londres pour président. En 1837, elle compta la reine Victoria parmi ses membres. Elle disparut en 1850.

Dans *M. Pickwick*, Dickens a fait une caricature vivante d'une réunion de ses membres.

Les tempérants n'ont jamais eu foi dans leur pouvoir de persuasion. Ils en ont toujours appelé au bras séculier. En 1845, ils obtinrent une loi dans l'État de New-York, interdisant la vente publique des liqueurs; mais elle fut rappelée en 1847. En 1851, à Utique, fut fondé l'ordre des Bons Templiers. Ils triomphèrent en obtenant la prohibition de toute liqueur fermentée ou distillée dans l'État du Maine. En 1853, fut fondé l'*United Kingdom alliance* ayant pour but d'obtenir la suppression légale et totale de tout commerce des liqueurs « toxiques » comme boisson. C'est ainsi qu'ils appellent les boissons alcooliques.

Dans son livre *la Liberté*, publié en 1859, John Stuart Mill reproduisait le passage suivant d'un manifeste de l'*Alliance* dont lord Stanley était président :

> Toute matière concernant la pensée, l'opinion, la conscience, doit être placée en dehors de la législation.
> Mais je réclame le droit de légiférer partout où mes droits sociaux sont mis péril par l'acte social d'un autre... Si quelque chose envahit mes droits sociaux, et certainement le trafic des boissons en fait partie ce quelque chose, il détruit mon droit primaire de sécurité et d'égalité.

John Stuart Mill répondait :

> Qu'est-ce que cette théorie des droits sociaux ? Ce point de vue est celui de tous les inquisiteurs dans le passé. Cette conception supprime toutes les libertés qui sont à la base de notre droit moderne. Cette théorie voudrait enfermer dans le moule de son propre idéal social chacun des autres individus vivant au monde, et nous arriverions avec elle à ce régime étrange que chacun serait investi du droit de diriger la perfection morale, intellectuelle et physique de chacun d'après le type que chacun s'en fait.

Cet argument irréfutable n'a pas de prise sur les obsédés de l'anti-alcoolisme. L'*Alliance* reste la plus forte des sociétés de tempérance britannique. Elle dépense environ £ 12.000 (300.000 francs) pour sa propagande annuelle.

Aux États-Unis, un parti de *National Prohibition* fut formé. L'ordre des Bons Templiers se répandit dans le Royaume-Uni, dans les pays secondaires où les plus vieilles sociétés de tempérance du continent européen furent fondées en 1837.

En 1897[1], M. A. G. Herzfeld, dans un remarquable article intitulé : *Le Péril de la boisson et son remède* constatait que l'excès en matière de boissons était beaucoup moins répandu, en Angleterre, que soixante ans et même trente ans auparavant. Pourquoi donc les cris d'alarme des membres des sociétés de tempérance ? Il en expliquait ainsi la cause.

Le général Booth, avec son habileté de tacticien, avait pensé qu'en se mettant à la tête des abstinents, l'Armée du Salut ferait la conquête de personnes riches et haut placées qui jusqu'alors avaient considéré avec dédain ses grossiers procédés de propagande. Les autres églises ne voulurent point rester en arrière. Presque toutes instituèrent une section de tempérance. L'Église d'Angleterre, institution menacée, dut naturellement donner l'exemple.

Les églises chrétiennes qui prêchent que boire de l'alcool et même toute boisson fermentée, est incompatible avec le christianisme, rendent hommage à l'Islam qui, dans cette voie, les a précédées de quatorze siècles.

En 1909 fut tenu à Londres le *World's Prohibition*, conférence qui réunit 300 délégués et institua une *International prohibition federation* ayant pour but la prohibition complète de toutes les boissons fermentées ou distillées.

M. Arthur Shadwell, l'auteur de l'article *Temperance* dans l'*Ecyclopædia Britannica* (11e édition) dit au point de vue des résultats législatifs obtenus :

« Ceux qui réclament des interventions législatives substituent toujours les moyens au but et quand ils en obtiennent,

1. *Westminster Review*, avril.

ils témoignent leur satisfaction. Quand ils demandent la prohibition ils la considèrent comme une fin en elle-même et une preuve de progrès ; des réformateurs plus modérés envisagent de la même manière la réduction des débits. Des faits de ce genre peuvent être enregistrés avec précision, mais ils ne signifient rien. La question n'est pas celle de la loi ou du nombre des débits, mais celle des habitudes de la population, et ce que nous avons besoin de connaître, c'est l'effet produit sur elle par la législation, la persuasion morale et les autres influences du mouvement de la tempérance.

Cette question n'a pas reçu de réponse claire et générale.

Être tempérant, cela vous donne une apparence vertueuse, forcer les autres d'être tempérant est encore mieux.

En 1893 [1], Labouchère avait dénoncé *Saint James Home for inebriates*, tenu par les époux Ziebenberg, à Kennington. Ces personnages naturellement étaient animés des sentiments les plus élevés. Ils voulaient guérir les ivrognes. Les personnes sensibles et généreuses devaient les aider dans leur œuvre ; et ils recevaient des dons et des souscriptions. On leur confiait de malheureux ivrognes qu'ils emprisonnaient pour leur bien à eux. Quant au traitement de leurs prisonniers, détenus illégalement, les révélations furent telles que le juge observa que le journaliste, qui démasque la fausse philanthropie, protège « par son action le pauvre, le jeune et l'opprimé ».

Le parti socialiste belge se livre à une action énergique contre l'alcool : il considère que le débitant est un concurrent : il entend que ses affiliés lui réservent les fonds qu'ils pourraient dépenser ailleurs.

Mais il y a d'autres calculs politiques. M. Vander-

1. *The Times*, 14 décembre 1893.

velde, ministre d'État et chef du parti socialiste, vient d'adresser la circulaire suivante :

)YAUME DE BELGIQUE

—

NISTÈRE DE LA GUERRE

—

Le Havre, le 6 mars 1917.

Département de Monsieur le Ministre Vandervelde.

Monsieur,

La commission officielle belge destinée à élaborer un projet de loi contre l'usage des boissons distillées croit, à juste titre, qu'une nouvelle loi aura comme résultat de favoriser la fabrication et la consommation de la bière.

La commission désire connaître l'opinion des industriels compétents, en ce qui concerne la teneur en alcool nécessaire à la consommation des bières fabriquées à fermentation basse et à fermentation haute et vous prie de bien vouloir répondre au questionnaire ci-annexé. Elle vous remercie d'avance.

La bière sans alcool est insipide, et de plus malsaine par suite des fermentations secondaires. Donc, il s'agit de bière qui servira de véhicule à l'alcool.

Ce n'est donc pas la passion anti-alcoolique qui pousse le gouvernement belge à proposer cette mesure : mais en Belgique et surtout dans les Flandres, il y a une foule de petits brasseurs qui sont en même temps propriétaires de débits. Le ministre, qui leur propose de les débarrasser de la concurrence des boissons distillées, compte sur leur reconnaissance électorale.

CHAPITRE III

LES CAMPAGNES ANTI-ALCOOLIQUES EN FRANCE

Dans sa proclamation de Nancy, le comte d'Artois, en 1814, disait : « Français, le jour de votre délivrance approche. Plus de tyran, plus de guerre, plus de conscription, plus de droits réunis ! »

Cette dernière promesse eut un tel succès que Napoléon, à son retour de l'île d'Elbe, ne la dédaigna pas.

Dans la furibonde déclaration de Vienne, lancée par les huit puissances contre Napoéon, elles énuméraient les crimes qui faisaient de Napoléon l'ennemi du genre humain. Elles caractérisaient ainsi le n° 11 : « L'abolition des droits réunis en faveur de l'ivresse publique ».

On ne dit pas qu'aucun diplomate du Congrès de Vienne ait fait observer que cette dénonciation contre Napoléon atteignait le comte d'Artois. Les apôtres de la tempérance n'ont pas souci de la coordination de leurs arguments.

En 1872, M. Jules Robyns fonda la *Société française de Tempérance, association contre l'abus des boissons alcooliques*. Même ceux qui en abusent ne font pas l'apologie de l'abus. Elle avait pour secrétaire général, le Dr Lunier, homme aimable. Ils m'en firent membre perpétuel, moyennant le versement d'une somme de 300 francs ; mais je lui ai survécu.

Son journal publiait des travaux avec des épigraphes telles que celle-ci : « La mort est dans l'alambic », et M. Jules Robyns dépassait le but de la société quand il disait dans des discours, qui me faisaient regretter mes 300 francs :

> « L'alcool tue tout, le corps comme l'esprit ; le buveur invétéré ne peut être ni un bon père de famille, ni un citoyen intègre, ni un soldat courageux. »

Le Dr Lunier et moi, nous nous rencontrions souvent à dîner dans divers endroits; étant voisins, nous revenions ensemble. Tous les deux, nous avions usé sans abuser, nous étions restés dans les limites du titre.

Je me permettais de faire observer au Dr Lunier qu'il n'en était pas de même de certains rédacteurs du journal et de certains orateurs de la société. Il me disait avec une condescendance sceptique.

— Nous pouvons bien boire un petit verre ; ni vous, ni moi, nous ne deviendrons jamais alcooliques parce que nous avons une bonne alimentation.

— Et alors, c'est parce que nous pouvons avoir une nourriture saine que nous pouvons boire des spiritueux ! Les tempérants veulent en priver les pauvres diables qui ont besoin, pour faire un travail pénible, de calories que ne leur donne pas une alimentation insuffisante. Toutes les mesures tempérantes proposées sont des mesures de caste supérieure contre les parias.

Sans être un disciple de Le Play, le Dr Lunier, en sa qualité de médecin aliéniste, était paternaliste. Les sages avaient le droit de diriger ceux qu'ils ne considéraient pas comme tels. Mais de qui les sages tenaient-ils ce pouvoir ? Quel était le criterium de leur sagesse ?

Le grade universitaire ? Et les médecins du temps de Molière ? Guy Potin fit condamner par la Faculté de Paris « la levure de bière née de la pourriture de l'orge ». Thomas Diafoirus a une lignée.

La Société de Tempérance s'éteignit doucement quand M. Jules Robyns et le Dr Lunier disparurent.

En 1903, l'abbé J. Toiton organisa le *premier congrès national anti-alcoolique.* Il y présenta un rapport intitulé : *Le rôle du clergé catholique dans la lutte contre l'alcoolisme.* Il débutait en disant :

« Que sous cette forme moderne de lutte anti-alcoolique par la fondation de sociétés de tempérance et par l'engagement à renoncer à l'usage de l'alcool, évêques, prêtres et catholiques de France, en général, aient été lents à se mettre en marche, je ne voudrais ni ne pourrais le nier. »

Il s'agissait de rattraper le temps perdu. L'abbé J. Toiton remplissait sa brochure d'approbations d'archevêques et d'évêques. L'évêque de Quimper, M. Dubillard, plaidait les circonstances atténuantes pour ses ouailles :

« Sans doute on voit de temps en temps des malheureux dans les fossés, mais à cause du climat brumeux du pays, de l'absence de l'air vif, il faut souvent bien peu d'alcool pour mettre un homme dans cet état. Je connais des pays où on consomme beaucoup plus et où l'on a la réputation d'être sobre ! »

Il aurait fallu ajouter aux raisons de M. Dubillard que probablement, dans ces derniers pays, l'alimentation était meilleure et que la consommation de boissons spiritueuses ou fermentées, au lieu de se faire par à coups, était régulière.

M. Perraud, l'évêque d'Autun, citait un passage de Jules Simon contenant cette phrase :

« Quand même il y aurait une coalition de toutes les municipalités de France pour clôturer les cabarets au moment où les fabriques éteignent leurs feux ; quand même tous les patrons feraient à l'ivrognerie une guerre à mort, on ne vaincra pas, si on ne porte le remède jusque dans les cœurs. »

Quand M. Toiton a fondé la *Ligue nationale contre l'anti-alcoolisme*, il aurait dû reprendre cette phrase ; nous savons par les agissements passés et actuels de ses membres qu'elle n'y a jamais pensé.

Elle s'est montrée aussi violente qu'active. J'ai vu un jour son porte-paroles habituel, M. Barbey, pris d'une véritable attaque de *délirium tempérant*. L'éloquence de ces messieurs est calquée sur celle de l'armée du Salut. Toutes leurs métaphores sont guerrières, ils « livrent bataille contre le vice ». Ils dénoncent à l'exécration « les empoisonneurs publics ». Toute leur argumentation roule sur ce thème :

— Vous ne boirez pas, parce qu'il me plaît que vous ne buviez ni alcool, ni boissons fermentées.

En 1907, au mois de mai eut lieu à Lyon un grand congrès composé de toutes sortes de notabilités, parmi lesquelles se trouvèrent des maires, des adjoints, des fonctionnaires divers. M. Mandeix disait[1] : « Ces congressistes me font un peu songer à un congrès de directeurs de monts-de-piété qui, réuni à Lyon, conclurait qu'il n'y a plus en France que des gens ruinés et qui engagent leurs matelas. »

1. Réunion du 17 juin à Lyon.

Et M. Mandeix, après avoir raillé la naïveté de ces messieurs, ajoutait :

Derrière cette campagne anti-alcoolique, il y a un mercantilisme dont ils sont ignorants ; il y a les intérêts de vastes entreprises de vente de thés, de vastes entreprises d'eaux minérales souvent étrangères. En tous cas, on peut se demander pourquoi ces eaux minérales qui se vendent quatorze ou dix-huit sous n'ont jamais pu être taxées d'un sou par bouteille alors que l'on taxe le vin à quatre sous. (Applaudissements.)

Le Dr Laborde criait[1] :

La vraie boisson est l'eau bouillie ou filtrée.

L'*Étoile bleue*, journal de la Ligue anti-alcoolique, en 1910 a publié une série d'articles contre le vin, avec des arguments comme celui-ci :

L'eau a été de tous temps la boisson la plus naturelle ; c'est elle qui favorise le plus la digestion des aliments. L'eau faisait la seule boisson de nos premiers pères.

Distribuée aux corps de troupe, aux militaires, aux foyers du soldat, aux instituteurs, elle provoquait un de ceux-ci à donner, en janvier 1910, à une école de Paris, une dictée sur le thème suivant :

Buvez à la misère. O pères ! Car c'est le vin qui nous la donne. Grâce à lui, plus de pain ni de flamme au foyer : chaque goutte de la vigne se paie d'une goutte de notre vie.

Dans son numéro de décembre 1910, l'*Étoile bleue* s'exprimait ainsi :

Il serait à désirer que les personnes influentes fassent (*sic*) interdire aux coopératives la vente du vin.

1. *La lutte contre l'Alcoolisme*, p. 108.

Elle réussit au moins pour la coopérative du 152°, à Gérardmer où la vente du vin fut interdite. M. d'Elissagaray appela l'attention du Gouvernement sur ces excès. M. Briand était alors président du Conseil. Il promit de faire des observations sérieuses à *la Ligue anti-alcoolique*, mais on lui maintint sa subvention de 10.000 francs.

La même année, le Conseil général de la Seine a souscrit à un ouvrage de M. Émile Bocquillon, directeur d'une école communale, intitulée : *Cours normal d'anti-alcoolisme*, dans lequel il condamne toutes les boissons fermentées : excellent moyen de propagande dans les pays vignobles et dans les pays à cidre !

Le Conseil général de la Seine a-t-il poussé la logique jusqu'à proscrire de sa buvette toutes les boissons fermentées et, à plus forte raison, distillées ?

Quelques exemples feront juger de la valeur des arguments des meneurs de la campagne anti-alcoolique.

On a vu (livre I) les caractères physiologiques de l'alcool. Le Dr Legrain n'en dit pas moins péremptoirement[1] :

> L'alcool bien qu'il contienne 50 p. 100 de carbone est inutilisable comme aliment, puisqu'il ne subit pas dans l'organisme la combustion physiologique.

Cela suffit pour déterminer la valeur de toutes les affirmations scientifiques que peut produire ce médecin.

Les anti-alcoolomanes citent volontiers des statistiques. On leur démontre qu'elles sont fausses. Ils les répètent.

1. *Un fléau social l'Alcoolisme*, p. 21.

Le Dr Legrain, dans son rapport, présenté au Congrès de la Ligue de la moralité publique en 1894, dit :

En 1892 la consommation atteint 2.263.079 hectolitres ; en 1893, 2.476.387 hectolitres, cela ne fait que s'accroître.

Or, d'après les chiffres de la régie, la quantité était de 1.735.000 hectolitres en 1892 et de 1.642.000 en 1893. Elle ne s'était pas accrue, elle avait diminué : et elle était de 834.000 hectolitres, au-dessous du chiffre donné par le Dr Legrain, soit de 33 p. 100.

On lui signala l'erreur de ces chiffres. Il les a reproduits plusieurs fois sans les rectifier.

Pendant de longues années, l'histoire suivante a été produite dans tous les papiers anti-alcooliques. Elle a été portée à la tribune de la Chambre par M. Guillemet.

Le professeur Pellman, de Bonn, raconte qu'une femme nommée Ada Jurka, née en 1740, mourait au commencement du siècle, alcoolique, après avoir vécu en voleuse et vagabonde. Sa postérité compte 843 individus. On a reconstitué l'existence de 709, on compte 106 nés hors mariage ; 142 mendiants; 64 pensionnaires de dépôts de mendicité; 81 prostituées; 76 criminels dont 7 assassins. Si elle avait pu prévoir quelque chose, elle aurait prouvé que 480, c'est-à-dire la majorité de ces nombreux descendants, n'étaient pas compris dans les catégories ci-dessus mentionnées; en soixante-quinze ans, cette famille a coûté en soins d'indigents, entretien dans les prisons, en dommages causés, 5 millions de marks[1].

A coup sûr, la consommation de l'alcool n'avait pas nui aux capacités reproductrices de cette mère Gigogne et de ses descendants. Mais on admirait la foi que les anti-alcooliques avaient dans une pareille statistique, et on cherchait en vain les conséquences qu'ils pouvaient en tirer.

1. *L'alcoolisme et la lutte contre l'alcoolisme*, par R. Romme, p. 96.

Dans une communication faite au XIe Congrès international de l'alcoolisme, publiée dans la *Medical Temperance Review* (vol. XII, pp. 53-6, 1909), le Dr Mac Nicholl prétend avoir tracé l'histoire de deux cents familles, dont cent avec des arrière-grands-parents de situation moyenne, et cent avec des arrière-grands-parents de situation prospère, et il est remonté à quatre générations, ce qui représente en tout 35.266 individus! Il parle des maladies du cerveau, du cœur, des poumons, du foie, du cancer, de la maladie de Bright dont chacun de ces individus a souffert!

La sérénité avec laquelle peut être produit un pareil travail inspire quelque doute sur la valeur de son auteur.

Le Dr Raynaud (d'Alger) donne certains exemples de gens qui se sont trouvés mal de l'alcool. Voici le premier[1] :

> Un maçon en Algérie depuis seize ans, boit depuis cette époque 4 à 5 absinthes journellement; le dimanche il en prend 14, 15 ou 20 ; souvent il la boit pure. En se levant, il avale de 1 à 4 petits verres d'eau-de-vie ou d'anisette pure. A chaque repas un demi-litre de vin.

J'admire l'innocuité de ces absinthes, de ces verres d'eau-de-vie et de ces litres de vin consommés depuis seize ans qui, dans un climat chaud, n'ont pas tué ce consommateur. Cet homme a abusé certainement. Cela prouve-t-il qu'il faut empêcher les autres d'user?

Dans une communication faite à la *Société d'Economie sociale* par M. Riémain, secrétaire général de la *Ligue nationale contre l'alcoolisme*, le 29 mai 1911, je trouve

1. *L'alcool*, 20 mai 1896.

l'assertion suivante : En Suède, près d'un million d'enfants ont pris un engagement d'abstinence. Près d'un million en Suède ? » Or la population des filles et garçons de dix ans à dix-neuf ans est de 1.062.000. Ils seraient donc tous abstinents ? Ce serait étonnant. Pour compléter le million, l'auteur du rapport a pris sans doute des abtinents de zéro à quatre ans et de cinq à neuf ans [1].

Le rapport ajoute quelques lignes plus bas :

« La Belgique est d'ailleurs avec la France le seul pays d'Europe où les engagements d'abstinence pris par les enfants sont des engagements d'abstinence partielle, c'est-à-dire n'excluant pas la consommation modérée des boissons fermentées, vin, bière, cidre ».

J'en conclus que l'engagement comporte l'abstinence totale : le Dr Riémain croit-il qu'il a produit un document sérieux ?

Les chefs de la campagne anti-alcoolique ont volontiers recours aux faits divers pour frapper l'imagination.

J'en prends un, parmi ceux cités par le Dr Galtier Boissière [2].

Un drame vient de se produire à Aulaines, qui a causé dans toute la population une très vive émotion.

Une enfant de trois ans se trouva seule pendant quelques instants dans une des chambres de la maison, pendant que ses parents vaquaient à leurs occupations. Tout à coup elle avisa sur une table une bouteille d'eau-de-vie de cidre. La malheureuse enfant eut l'idée de s'en servir un grand verre et de l'avaler.

En ce moment, la mère rentrait ; sa fille fit quelques pas

1. *Statistique générale de la France. Résultats statistique du recencement général de la Population*, 1911, t. I, 2e partie, p. 151.

2. *L'enseignement de l'antialcoolisme*, p. 131.

au-devant d'elle et tomba dans ses bras en disant : « J'ai bu la goutte... la goutte... la goutte. » Et elle perdit connaissance. Elle a succombé, dans la nuit, à une congestion cérébrale.

(*Petit Journal*, 1896).

Que prouve ce faits-divers ? Il y a aussi des enfants qui se brûlent avec des allumettes ou avec des lampes, faut-il supprimer les allumettes et les lampes ?

Cependant cette campagne de faits divers est constante. Dans le milieu du mois d'avril, un aviateur français, le lieutenant Navarre, s'amuse à lancer son automobile sur des gardiens de la paix. Il a été déclaré irresponsable.

Mais Joseph Reinach l'avait déclaré « criminel de l'alcool ».

De cet acte, il partait pour réclamer à grands cris la prohibition de l'alcool Pourquoi pas aussi la suppression des automobiles, puisque l'une d'elles avait été employée à un usage criminel ?

On a affiché dans les écoles d'abominables tableaux représentant des hommes en proie au *delirium tremens*, des ivrognes menaçant d'assommer leur femme à coups de bouteille !

La Ligue nationale contre l'alcoolisme qui les propage les fera sans doute reproduire par le cinématographe et y fera conduire les enfants des écoles.

En attendant, l'enseignement anti-alcoolique est entré dans les programmes. L'instituteur, qui a lu le livre de M. Bocquillon doit dire à ses élèves :

— Elève X... que boivent vos parents ?

— Du vin.

— Le vin est de trop. Signez l'engagement que

vous ne boirez plus de vin, et que vous direz à votre père de ne plus en boire !

Voilà des engagements que des instituteurs zélés ont imposés à leurs élèves.

La loi ne tient pas compte des vœux perpétuels. Et si l'enfant, chez lui ou à un certain âge, s'affranchit de cet engagement téméraire quelle sera votre sanction ?

Ne voit-on pas que toutes ces propositions ne peuvent aboutir qu'à la fabrication d'hypocrites, résultat auquel sont admirablement parvenues les sociétés de tempérance anglaises. On a félicité la compagnie du P.-L.-M. et la compagnie de l'Est de donner des encouragements à l'anti-alcoolisme. C'est en dehors des aptitudes professionnelles, une nouvelle sélection qu'elles offrent aux hypocrites. J'ai vu, dans un compte rendu, des récompenses décernées aux agents pour l'intempérance de leur zèle de tempérance. Je n'ai pas la moindre confiance dans la moralité de ces intrigants qui se constituent contre leurs camarades les policiers de l'anti-alcoolisme.

Dans un de mes premiers voyages en Angleterre, il y a plusieurs dizaines d'années, je me mis en rapport avec une société de tempérance. On me fit visiter un hôtel bien tenu auquel était annexé un restaurant. Le haut administrateur de cette société, qui m'en faisait les honneurs, me dit qu'elle avait des hôtels de ce type dans diverses villes qu'il m'énuméra. — Les jeunes gens viennent, nous les hébergeons à très bas prix et nous les plaçons. Notre recommandation est un titre de premier ordre.

Mais, après un moment de silence, il ajouta, en

poussant un soupir : — Malheureusement au bout de quelques années, ils nous abandonnent.

Il était facile de comprendre ce que cela signifiait. Ces jeunes gens prenaient la société de tempérance comme bureau de placement; tant qu'ils n'étaient pas assis bien solidement dans leur situation, ils y restaient attachés. Une fois qu'ils avaient prouvé leur capacité professionnelle, ils y renonçaient.

M. le Dr Ballet a présenté un rapport à l'Académie de médecine, le 9 février 1915, disant :

> Le procès de l'alcoolisme n'est plus à faire. L'alcool est un des grands générateurs de la misère, l'un des principaux pourvoyeurs de la prison et de l'asile, l'un des plus importants facteurs de maladie qui soient, notamment de la tuberculose et des tares congénitales : le péril que l'abus des boissons alcooliques fait courir au pays et à la race n'est aujourd'hui sérieusement contesté par personne.

Conclusion :

> Il faut, d'ailleurs, proclamer bien haut que des demi-mesures qui donneraient l'illusion d'une lutte efficace entreprise contre le mal, sans en assurer les résultats, seraient plus préjudiciables qu'utiles.

M. Schmidt, député des Vosges, et défenseur des bouilleurs de cru de sa circonscription, en alléguant que s'ils brûlent des cerises, ils vendent leur kirsch et ne le boivent pas, dénonçait comme « de mauvais français » et « des traîtres à la patrie »[1], tous ceux qui... Mais et ses électeurs, bouilleurs de kirsch?

Le général Galliéni, gouverneur de Lyon, reçut la qualification de « premier officier anti-alcoolique de

1. *Actualités*, 25 juin 1917.

Lyon ». Quand il devint ministre de la guerre, il ordonna au préfet de police à Paris un certain nombre de mesures enfantines qui ont été rapportées depuis.

Je lis dans la *Réforme économique* du 23 mars 1917 :

> M. Yves-Guyot avoue toutefois que l'abus de l'alcool a des conséquences déplorables ; or, comment, autorisant l'usage, pouvait-on empêcher l'abus ? Voilà ce qu'il ne nous dit pas et pour cause.

Alors, d'après la *Réforme économique*, « le gouvernement investi de toute sagesse » devrait interdire l'usage de toute chose dont l'homme serait susceptible d'abuser ? Mais quelle est la chose dont l'homme ne soit pas capable d'abuser ? est-ce qu'il n'est pas capable d'abuser du vin, du cidre, de la bière, comme de l'alcool ? donc il faut le lui interdire. Mais il abuse aussi du café et du thé : donc, nouvelle interdiction. Des gens, qui ont le moyen de se payer une alimentation carnée, en abusent, et ils ont la goutte et autres maladies. Donc « pour en empêcher l'abus il ne faut pas en autoriser l'usage » selon la doctrine de la *Reforme économique*. L'abus du tabac n'est point sans produire quelques effets fâcheux : donc l'État, au lieu d'en propager l'usage, doit l'interdire. L'usage des robes et des chapeaux est susceptible de quelques abus qui dérangent les budgets de certains ménages et qui entraînent certaines jeunes filles dans des voies qui ne sont pas conforme au régime monogame du Code civil : donc, il faut interdire les robes et les chapeaux ou au moins ne permettre que ceux du type de l'*Armée du Salut*. Il y a des gens qui font un mauvais usage des couteaux qu'ils achètent : ils se coupent maladroitement les doigts et quelquefois sous un prétexte ou sous un autre, les plantent dans le dos ou dans la poitrine d'autrui. D'après la *Réforme économique*, pour mettre fin à ces abus évidents, il faudrait supprimer la fabrication et le commerce des couteaux.

Un journal, plutôt réactionnaire que révolutionnaire, publiait cet appel :

> L'union parfaite des partis permet de faire deux coups de la même pierre : vaincre l'ennemi du dehors, abattre l'ennemi du dedans. La Convention, elle, n'aurait pas hésité... La France pacifique buvait. La France guerrière boit toujours. Et les Français disparaissent.

L'auteur a fait suivre de points cet appel à la Convention de manière à faire entrevoir au bout de ces points la silhouette de la guillotine.

CHAPITRE IV

LE MANIFESTE DES CINQUANTE-CINQ GRANDS SYNDICATS

J'ai vu avec stupéfaction le manifeste suivant que je cite intégralement :

Notre Union groupe, pour toute la France, les cinquante-cinq grands syndicats des mines, des forges, des fonderies et de la construction mécanique, dont les membres ont la mission de pourvoir aux besoins essentiels de la défense nationale. Tous ces industriels ont déclaré à maintes reprises à M. le sous-secrétaire d'Etat de l'artillerie et des munitions, et tiennent à déclarer aujourd'hui aux représentants du pays, *qu'ils ne sauraient remplir efficacement leur lourde tâche s'ils ne trouvaient auprès des pouvoirs publics l'appui indispensable pour assurer à nos armées la production dont elles ont besoin.*

La gravité des circonstances présentes et l'esprit de devoir et d'abnégation qu'elles créent dans le pays, commandent impérieusement une mesure radicale capable de supprimer le mal dans sa source. L'interdiction de toute consommation d'alcool non plus laissée à la discrétion des autorités locales, mais imposée en tous lieux et à tous les citoyens par les Pouvoirs publics, peut seule faire obstacle à la poussée alcoolique véritablement inquiétante que tout le monde constate et qui s'étend jusque dans les établissements travaillant pour la défense nationale.

Persuadés d'être, en cette circonstance, en plein accord avec l'immense majorité de la classe ouvrière, dont les organisations ont toujours réclamé que des mesures énergiques soient prises contre l'alcoolisme, nous vous conjurons de prendre, sans retard, la mesure urgente qui s'impose et qui permettra de maintenir dans la plénitude de leurs moyens physiques et de leur équilibre moral ceux qui se laisseraient aller à faiblir.

D'autre part, les délégués de l'Union des industries métallurgiques et minières, réunis spécialement pour mettre en œuvre tous les moyens propres à lutter efficacement contre la tuberculose, ont décidé d'apporter à cette question d'intérêt national le concours le plus large et le plus énergique.

Mais ils sont convaincus qu'ils feront œuvre inutile et qu'ils prodigueront en vain leurs efforts, si les Pouvoirs publics laissent se propager le fléau de l'alcoolisme qui est la cause la plus efficiente de la tuberculose sous toutes ses formes.

Nous osons donc espérer, messieurs les sénateurs et messieurs les députés, que vous voudrez bien user des pouvoirs que vous tenez de la nation pour prendre sans délai, de concert avec le gouvernement, les décisions dont dépendent à l'heure présente le salut du pays et, dans l'avenir, l'existence même de la race.

Veuillez agréer, etc.

Le Président,
Charles LAURENT.

Ce document m'a surpris d'autant plus que je connaissais l'opinion de M. A. Shadwell, l'auteur de l'*Insdustrical Efficiency* qui a parcouru le monde entier pour étudier les conditions de l'industrie. Il a vu, sur place, des ouvriers de tous les pays et a observé de près leurs habitudes. Avant ses articles *Liquor laws* et *Temperance* dans l'*Encyclopædia Britannica*, il avait été amené, par ses observations, à publier un petit volume : *Drink, Temperance and legislation*. Voici ce qu'il dit de la France :

J'ai fait, en France, des enquêtes étendues sur ce sujet. En dehors de Paris et des ports de mer, il est rare de trouver des cas d'ivrognerie comme dans l'*Assommoir* de Zola. Les industriels, dans tous les centres industriels importants, y compris les districts miniers du Nord, sont de cet avis.

Par quel miracle, alors que la statistique du ministère des Finances montre une diminution de la consommation de l'alcool, serait-elle devenue un péril tel que « les industriels des centres importants » ont du signer cet appel? Je me sens plein de méfiance pour les mobiles qui les ont fait agir.

Mais en dehors de ce motif de surprise, j'en ai d'autres encore plus graves.

Voilà les représentants de cinquante-cinq grands syndicats français qui se déclarent « incapables de remplir leur lourde tâche » si le gouvernement ne décrète pas « l'interdiction de toute consommation d'alcool ». Ces grands industriels, si fiers de leur force, si orgueilleux de leur puissance, abdiquent devant l'alcool. Ils en appellent au bras séculier; ou bien, ils se résignent à abandonner la défense nationale! S'ils ne tiennent pas leurs engagements, ce ne sera pas de leur faute, c'est de la faute à ce démon, à ce mauvais esprit, ce nouveau diable, l'alcool!

Ils ajoutent qu'ils « sont persuadés d'être en plein accord avec l'immense majorité de la classe ouvrière ». S'ils sont d'accord avec l'immense majorité de la classe ouvrière, que devient leur argument? Il n'y a donc qu'une infime minorité qui abuse de l'alcool? Et alors « cette immense majorité de la classe ouvrière », avec l'appui de tous les chefs d'industrie, se montre incapable de faire la police de ses ateliers! Ces chefs d'industrie, au lieu de se mettre d'accord, avec « cette immense majorité » préfèrent la laisser de côté et demander aux sénateurs, aux députés, d'imposer au Gouvernement un acte qui nous ramène au temps des censeurs de Rome ou des procédés de police des rois de Droit divin, un acte contraire à tous les principes de droits affirmés par la Révolution que nous opposons aujourd'hui avec tant de fierté aux docteurs et hommes d'état allemands.

Ces chefs d'industrie se sont montrés bien imprudents en émettant un pareil document.

Ils affirment qu'ils sont d'accord avec « l'immense majorité de la classe ouvrière », mais ils ont négligé de se faire donner mandat par elle. D'où ce résultat, c'est que ne parlant qu'en leur nom, que font-ils ? Ils demandent une loi de classe, le mot leur échappe; alors que le mot de classe est proscrit du vocabulaire politique français depuis 1789 et qu'il n'a été rapporté en France que par les socialistes allemands qui avaient quelque raison pour s'en servir, puisque le suffrage en Prusse et dans les municipalités est encore réglé par classes. C'est une singulière aberration de leur part que d'user de ce terme pour demander une loi de police contre leurs ouvriers.

Cette loi, c'est bien une loi de classe, car c'est bien une catégorie de personnes qu'elle vise, et non une autre. Ces chefs d'industrie montrent leurs ouvriers du doigt et disent : — C'est ceux-là qu'il faut atteindre dans leur alimentation, dans leurs habitudes, dans la satisfaction de leurs besoins.

Les exploitants des mines d'or, dans l'Afrique du Sud, ont fait prohiber la consommation des spiritueux par les indigènes. Les industriels français n'ont pas osé dire qu'ils s'étaient inspirés de cet exemple pour demander qu'on traitât les ouvriers français, électeurs et éligibles, comme des nègres.

Mais ces industriels sont-ils bien sûrs que si leurs

ouvriers ne buvaient que de l'eau, ils auraient à leur disposition les 4 ou 5.000 calories ou plus qui leur sont nécessaire pour faire l'effort qui leur est demandé?[1]

J'invoque encore l'expérience de M. A. Shadwell, plus étendue que celle d'aucun des signataires de ce manifeste[2].

Les gens qui boivent des spiritueux ou des boissons fermentées sont remarquablement plus progressifs et plus énergiques que les abstinents.

L'intempérance des marins anglais cause des désordres qui pousse quelquefois les armateurs à engager des étrangers sobres; mais ces armateurs reconnaissent que ces marins montrent une énergie et une force de résistance dont les autres sont incapables. Un semblable témoignage a été souvent fait par des ingénieurs et des entrepreneurs engagés dans de grands travaux dans l'Europe méridionale. Et une observatrice pénétrante, miss Loane, a raconté un cas frappant qui, curieusement, s'accorde avec les conclusions du laboratoire d'Eugenics.

Non seulement, les chefs de ces syndicats ont commis cet acte d'imprudence, dans l'émission de ce document, mais ils en ont encore commis un autre encore plus grave.

En réclamant la suppression de l'alcool ils demandent quoi? Un acte de confiscation à l'égard de tous les viticulteurs des Charentes, du Gers, du Midi, de tous les propriétaires de pommiers; de tous les cultivateurs de betteraves; des petits bouilleurs de cerises et de prunes si terriblement éprouvés dans l'Est de la France; de tous les négociants ayant engagé leur existence et des capitaux dans les affaires d'alcool,

1. Voir *infra*, liv. VIII, ch. II.

2. *Encyclopedia Britannica*, art. *Temperance*, t. XXVI, p. 590.

possédant des stocks; de tous les débitants qui ont mis leurs ressources et celles de leur famille à établir soit de grands cafés soit de petits débits, les uns et les autres ayant droit à un égal respect au point de vue du principe de la propriété, à moins que ces puissants industriels ne déclarent que le petit commerçant doit être traité par les législateurs comme l'Autriche-Hongrie a traité la Serbie et le Kaiser le Luxembourg et la Belgique; mais qu'est-ce que cette politique? Diront-ils que tous ces agriculteurs, ces distillateurs, négociants, grands ou petits, qui produisent de l'alcool méritent leur malheur? que, par conséquent, il ne doit pas y avoir de justice pour eux?

Endossent-ils les manifestes de la *Ligue nationale contre l'alcool?* alors, ces grands industriels considérant tous ces agriculteurs, ces distillateurs, ces négociants grands et petits, comme coupables du crime d'hérésie alimentaire, demandent contre eux, une nouvelle révocation de l'Edit de Nantes; et ils choisissent le moment de l'union sacrée, pour se livrer à la manifestation d'une pareille survivance de l'esprit d'intolérance!

Par esprit de bon ton, en gens du monde qui prennent le *tea five o'clock*, par condescendance à l'égard des personnes qui, cherchant à s'occuper bruyamment pendant la guerre, ont trouvé à agiter la question de l'alcool, ces imprudents n'ont pas pensé au précédent qu'ils créaient en demandant au Parlement et au Gouvernement un tel acte de confiscation.

S'imaginent-ils donc que les socialistes ne l'ont pas enregistré? et qu'ils ne l'invoqueront pas, comme ils ont déjà invoqué les précédents de la suppression de l'industrie de la céruse, arrachée à la faiblesse des pouvoirs publics par Craissac, un membre de la Confédération du travail[1], et celui de l'interdiction de l'absinthe? Cette obsession de l'alcool est telle que les représentants de ces « cinquante-cinq grands syndicats » dont la situation ne repose que sur la sécurité de l'industrie et le respect de la propriété, n'ont pas vu qu'ils commettaient un acte en contradiction avec toutes les théories qu'ils doivent soutenir dans leur propre intérêt, le droit des autres ne méritât-il que leur indifférence ou leur mépris.

Après avoir parlé de la défense nationale, ces messieurs se réclament de la tuberculose! Là aussi ils seraient prêts « à apporter le concours le plus large et le plus énergique ». Mais si les sénateurs et les députés ne brisent pas le verre qu'ils choquaient avec leurs électeurs à la veille du scrutin, ces riches industriels retirent leur concours. Ils parlent ainsi alors que les rapports entre l'alcoolisme et la tuberculose n'ont jamais été établis et au moment même où M. Chauveau, à l'Académie de médecine, venait de prouver une fois de plus qu'ils n'existaient pas[2].

Ce document vaut la peine d'être conservé pour la confusion de ceux qui l'ont inspiré, et je reste stupéfait qu'un homme, aussi avisé que M. Charles Laurent, en ait accepté la responsabilité.

1. V. Yves-Guyot. *Le blanc de zinc et la céruse, prétextes et réalités*. Une broch. 1906. — *La céruse et la méthode expérimentale*. Une broch. 1909. — *L'absinthe et le délire persécuteur*. Une broch. 1907.

2. V. *infra*, liv. IV, ch. v.

CHAPITRE V

LES EXPÉRIENCES ANTI-ALCOOLIQUES

Les campagnes anti-alcooliques ne sont pas nouvelles. En 1880, M. Emile Alglave voulut instituer, en France, le monopole de l'alcool. Son système reposait sur une petite bouteille qui pourrait se vider mais ne pourrait se remplir. Il fit de nombreuses conférences dans lesquelles il affirmait comme réalisée l'existence de sa bouteille magique, mais il n'avait garde de la montrer. En revanche, il amusait son public en exhibant de malheureux cobayes auxquels il injectait des alcools impurs dans la cuisse. Les convulsions et la mort de ces pauvres bêtes offraient un spectacle, mais ne donnaient pas un argument en faveur du monopole.

Le Dr Laborde a sacrifié aussi une grande quantité de cobayes en leur faisant absorber par la cuisse des essences de toutes sortes. Un jour, dans son laboratoire, pour me démontrer l'influence pernicieuse de l'absinthe, il injecta un gramme d'essence d'absinthe, avec lequel on aurait pu faire une douzaine de litres d'absinthe, à un petit cobaye qui, au bout d'une demi-heure, mourut dans des convulsions. « Eh bien ! » me fit Laborde avec conviction.

Je lui répondis :

J'admire la force de résistance de ce petit cobaye ; il pèse 200 grammes. Je pèse 90 kilos ; par conséquent, pour que cette opération produisît sur moi un effet analogue il faudrait m'injecter 450 grammes d'essence d'absinthe ; il est évident que je n'y résisterais pas pendant une demi-heure.

Duclaux, le directeur de l'Institut Pasteur fit, sur ces expériences qui avaient surtout pour objet de donner du pittoresque aux conférences de M. Alglave et des autres prosélytes du monopole, les observations suivantes :

Les chimistes ne se sont pas contentés de signaler la présence, dans l'alcool, de ces substances qui le rendent agréable ou désagréable au goût, ils les en ont séparées à l'état pur. Les physiologistes se sont à leur tour emparés de ces corps, furfurol, aldéhydes, huiles essentielles, alcools divers, et ont cherché quelle était leur action sur les animaux, lorsqu'on les leur introduisait dans le canal digestif ou qu'on les leur inoculait dans les veines. Ces animaux, peu habitués à de pareils aliments ou à de pareils traitements, s'en trouvaient naturellement fort mal, tombaient inertes ou étaient secoués de convulsions épileptiformes, ou mouraient parfois roides, contracturés, et dans les attitudes les plus bizarres. C'est le récit de ces expériences qui, amplifié et dramatisé, ce qui était facile par les voix de la presse, a pénétré peu à peu dans les esprits et y a introduit la terreur de tout ce qui n'est pas l'alcool normal dans les boissons alcooliques.

Peut-être les physiologistes auraient-ils pu et dû faire remarquer eux-mêmes que leurs expériences ne comportaient pas de telles conclusions. Les alcools tuent, à faible dose, les animaux à qui on en fait ingérer : voilà le fait. Faut-il conclure que, toxiques à l'état pur, ils le seront aussi à l'état dilué ? Non, car voici l'acide acétique, qui est mortel quand on l'avale concentré, ce qui ne l'empêche pas d'être inoffensif et même agréable dans la salade. Voici la théine, la caféine, qui sont des poisons violents, et pourtant le thé, le café passent pour des boissons hygiéniques. Mêmes conclusions pour l'inoculation dans les veines. Il faut, a-t-on dit, pour tuer un animal, vingt fois moins d'alcool amylique, arrivant par cette voie, que d'alcool ordinaire. Je ne le conteste pas. Vos expériences sont bien faites et exactes ; mais qu'est-ce que cela prouve au point de vue de la nocivité relative des deux alcools, arrivant dilués par le canal digestif ? Voici du bouillon et de l'eau pure, je peux retirer du bouillon une substance, la peptone qui, à faible dose, tuera un animal à qui je l'injecterai dans les veines. Faut-il en conclure que le bouillon est un moins bon aliment que l'eau pure ?

Il ajoutait :

Proposez au physiologiste le plus déterminé de lui injecter dans les veines la dose de vinaigre qu'il consomme hygiéniquement dans sa salade, et vous verrez avec quelle prudence, il se tiendra hors de la portée de votre seringue.

Est-ce que les alcools concentrés, employés dans les expériences, se présentent dans la consommation ? Dans les plus mauvaises eaux-de-vie de grains, il n'y a que 1 p. 1000 d'alcool amylique. Les plus mauvais rhums ne contiennent que quelques milligrammes de furfurol.

En 1897, à la commission extra-parlementaire, M. Bourgoins a rappelé la loi de Rabuteau et montré que si un litre d'eau-de-vie peut tuer un poids animé de 65 kilos, un litre de mauvaise eau-de-vie de marc ne tuerait qu'un poids de 69 kilos.

CHAPITRE VI

LES EXORCISMES DE DUCLAUX ET DE LANDOUZY

A la fin d'octobre 1903, se tint à Paris un congrès anti-alcoolique sous la présidence de M. Cheysson, inspecteur général des Ponts et Chaussées et grand viticulteur dans le Beaujolais.

Le congrès était fort ennuyé que Duclaux, directeur de l'*Institut Pasteur*, eût analysé dans les *Annales de l'Institut Pasteur* les travaux de la commission américaine dirigée par Atwater.

M. Barbey, secrétaire général de l'*Union anti-alcoolique*, présenta un ordre du jour contre Duclaux. Il fut appuyé par le Dr Triboulet et le Dr Duplessy : et le congrès vota l'ordre du jour suivant :

Déclare respecter les droits de tout savant d'exprimer largement tout ce qu'il considère comme la vérité scientifique, mais déplore les conséquences de la publicité faite autour des déclarations de M. Duclaux.

Je commentai cet ordre du jour dans le *Siècle* du 3 novembre 1903. Voici ce que je disais :

Ainsi, le congrès veut bien admettre que M. Duclaux ait le droit de penser que l'alcool est un aliment ; c'est une grande concession. Il est probable que l'inquisition aurait aussi reconnu à Galilée le droit de penser que la terre tourne, si personne ne l'avait su. Le congrès va un peu plus loin, il admet même que M. Duclaux eût exprimé cette opinion à huis clos, dans un petit cercle de savants. Nous ferons observer que M. Duclaux l'avait exprimée d'abord dans une publication spéciale. Mais c'est la faute à Gutenberg. Toute page imprimée va on ne sait où. Elle peut être réimprimée. Elle a des répercussions infinies. C'est ce qui est arrivé au travail de M. Duclaux publié dans les *Annales de l'Institut Pasteur*.

Alors, grand émoi de MM. Barbey, Duplessy, Triboulet et de tous ceux qui ont voté l'ordre du jour ; et si on analyse les causes de cet émoi, on trouve qu'elles se résument ainsi :

— Si « le peuple » sait que l'alcool est un aliment, il abusera de cette vérité ; donc, il doit ignorer cette vérité, qui doit être réservée à quelques élus.

Ainsi à Tithorée, l'enceinte consacrée à Isis n'était accessible qu'à ceux qui avaient obtenu cette grâce de la déesse. Ainsi les mystères d'Éleusis n'étaient accessibles qu'aux initiés à qui l'hiérophante avait adressé les mots : *Komx ompax*. Ainsi tous les vieux cultes ont cru qu'ils devaient avoir une partie ésotérique, et le prêtre catholique récite encore ses offices en latin et interdit la lecture de la Bible au vulgaire ; et nous avons entendu des philosophes célèbres, au cours du XIXe siècle, dire : « Il faut de la religion pour le peuple ».

MM. Barbey, Triboulet, Duplessy, continuateurs des mystères d'Isis et d'Éleusis, continuateurs des inquisiteurs qui condamnèrent Galilée, disent :

— Si l'alcool est un aliment, il ne faut pas le dire. Les gens qui ne sont pas initiés doivent continuer de l'ignorer. Notre dogme, c'est qu'il est un poison. Puisque M. Duclaux a osé résumer en français les résultats des expériences publiées en anglais par M. Atwater, il est coupable d'importation d'hérésie ; qu'il soit anathème !

Les auteurs de l'ordre du jour voté n'eurent pas le courage de leur opinion. Ils le supprimèrent et le remplacèrent par une résolution prenant acte « de la condamnation solennellement prononcée par l'Académie de médecine contre les apéritifs et les essences et affirmant les dangers de l'alcool, en se plaçant, non pas au point de vue chimique, mais au point de vue social. »

L'Académie de médecine a voté d'autres ordres du

jour dont elle ne rappelle pas volontiers le souvenir. Dans celui-là, elle abdique tout caractère de corps savant. Elle se borne à une banalité.

Au Congrès de Stockholm qui eut lieu en 1907, le professeur Landouzy, s'appuyant sur les travaux d'Atwater, de Duclaux et de Armand Gautier, ayant osé dire que « l'alcool est un aliment condiment dont physiologiquement l'emploi est licite dans une alimentation rationnelle autant que son mésusage est contremandé », tous les abstinents protestèrent avec violence, d'aucuns dénoncèrent un nouvel ennemi de la société et crièrent à l'immoralité [1].

Le résumé officiel des rapports contenait ce passage :

Les nations du Sud n'ont pas pu survivre... Les pays du Nord se sont montrés beaucoup plus favorables à la formation des peuples forts et vigoureux que les pays méridionaux... La cause ? Le vin, source première de l'alcool. Il saute aux yeux tout d'abord que la frontière entre les pays d'immigration et les pays d'émigration coïncide avec la limite septentrionale de l'extension naturelle du pampre.

Lorsqu'on dit que l'ivrognerie des Européens ne les a pas empêchés de se rendre maîtres de tout le monde et les premiers dans la science, les arts et l'industrie, on oublie que les habitants du Nord et les peuples germaniques en général, à qui revient avant tout la gloire des Européens, se sont rendus capables d'accomplir leurs grandes destinées dans une vie sans alcool... [2]

Une procession de plus de 10.000 personnes avait inauguré les travaux du Congrès en vouant à la destruction le démon alcool !

Ces faits suffisent à prouver que les convictions des anti-alcooliques n'ont aucun rapport avec la méthode scientifique.

1. V. *le Temps*, 12 août.
2. *Suprà*, Liv. II, ch. I. *Chronologie de l'alcool.*

CHAPITRE VII

L'ALCOOL D'INDUSTRIE ET L'ALCOOL NATUREL

Une commission extraparlementaire, présidée par M. Léon Say, siéga en 1887. J'en étais membre. M. Alglave n'osa pas y apporter ses cobayes : aussi après avoir assisté à une ou deux séances, il n'y reparut plus.

La commission était surtout saisie de la question du monopole de la rectification de l'alcool. Après enquête, elle arriva à la conclusion que l'alcool dit industriel n'entrait dans la consommation que parfaitement rectifié, que le monopole de l'État ne pouvait mieux faire et que probablement, à en juger par les allumettes de la régie, il ferait moins bien.

La commission se montra plus sévère que le monopole suisse : elle considérait que tout alcool dans lequel on constaterait plus de 2 millièmes d'impureté à l'essai Röse devait être exclu de la consommation.

La Régie fédérale avait d'abord offert de l'alcool très pur, mais personne n'en voulait. Elle dut y ajouter du *fusel*, qui râcle la gorge, pour répondre au goût des buveurs.

On constata à la commission, que la véritable garantie de la pureté de l'alcool d'industrie venait du commerce lui-même. Le règlement du marché des alcools sur la place de Paris porte :

Art. 8. — Le marché des alcools a pour base ce 3/6 pris première qualité de toute provenance, livrable nu, en entrepôt.

Art. 36. — Toute marchandise d'arrivage, destinée à être mise en filière doit être soumise à l'expertise avant la création de la filière.

Le Dr Lancereaux a prétendu que l'alcool de vin, que même le vin vieux est beaucoup plus dangereux que l'alcool industriel.

Le Dr Daremberg a déclaré qu'une solution d'eau-de-vie de vin à 10 degrés d'alcool est moins toxique qu'un vin à 10 degrés.

Dans la séance de l'Académie de médecine du 15 octobre 1895, il dit ceci :

L'alcool chimiquement pur, de quelque origine qu'il soit, de grain, de betterave, de vin, ramené à 38 degrés, ne tue jamais les lapins de 2 kilogrammes à la dose de 10 centimètres cubes. Les vieilles eaux-de-vie ramenées à 38 degrés d'alcool tuent toujours les lapins à cette dose de 10 centimètres cubes. Il y a donc dans les vieilles eaux-de-vie de vin d'autres toxiques que l'alcool. La chimie les a reconnus depuis longtemps, ils s'appellent : aldéhydes, furfurol, alcool supérieur. Aussi M. Riche avait parfaitement raison de dire, en 1886, devant cette Académie : « L'industrie a réussi à préparer, sans vin, de l'alcool éthylique pur et la science a démontré que l'alcool de vin était de l'alcool éthylique impur ».

Ce sont ces impuretés qui donnent un parfum aux eaux-de-vie de vin. Le rapporteur de la commission de 1887, M. Léon Say disait :

Des expériences récentes ont montré que les alcools supérieurs, toxiques par conséquent, se rencontrent dans les vins et dans les eaux-de-vie obtenues par la distillation des vins, des marcs, des lies et des fruits.

Est-il possible d'exiger que les alcools de vins et de fruits et les eaux-de-vie soient soumis à la rectification obligatoire et ramenés au type officiel dont nous venons de parler.

La commission ne le croit pas. On ne peut obliger les producteurs à en dénaturer absolument le caractère par une rectification; mieux vaudrait les détruire.

Si on observe que la production de l'alcool d'industrie s'élève à plus de 1.800.000 hectolitres, tandis que celle de l'eau-de-vie de vin, de cidre, de lies, de marcs et de fruits ne dépasse guère 96.000 hectolitres, chiffres de 1884, on *trouvera une garantie très grande dans la purification des alcools d'industrie.* En supposant que les 1.800.000 hectolitres d'industrie constituent de l'alcool suffisamment pur, il est clair qu'en y ajoutant 100.000 hectolitres d'eau-de-vie, on ne fera pas courir de grands risques à la santé publique, lors même que les eaux-de-vie dont nous parlons contiendraient des impuretés.

Ainsi la commission nommée pour instituer le monopole de la rectification de l'alcool d'industrie arrivait à la conclusion que les alcools d'industrie étaient si bien rectifiés que leur mélange était une garantie contre la toxicité des alcools naturels !

Cependant M. Cochery, ministre des Finances, ne s'en contenta pas. Le 31 octobre 1896, il déposa un projet de loi instituant dix laboratoires, auxquels seraient soumis tous les alcools, y compris les alcools de vin: On y aurait fait du cognac chimiquement pur !

Le Dr Laborde fit émettre le 10 mars 1903 le vœu suivant par l'Académie de médecine :

— Considérant que la science a démontré, tant par l'étude expérimentale que par l'observation clinique, que les alcools les plus impurs et les plus toxiques, quelle qu'en soient la composition et la provenance, peuvent être ramenés au type de l'alcool le plus pur et le moins toxique, qui n'en est pas moins toujours un poison, *alcool éthylique* ou *alcool de vin*, par une rectification appropriée et complète, émet le vœu,

Que la *rectification absolue* de tout alcool soit établie, imposée et assurée, par voie législative.

Le vœu fut voté à l'unanimité. L'Académie supprimait ainsi le Cognac, l'Armagnac, les eaux-de-vie du Midi et le Calvados. Il paraît que pas un seul de ses membres n'en avait jamais dégusté un seul verre. Ce fait serait aussi humiliant pour le corps médical de Paris que si certains de ses membres avaient voté le vœu de Laborde sans en comprendre les conséquences.

CHAPITRE VIII

LES CRIMES DE L'ABSINTHE ET LA RÉALITÉ

Michelet a fort bien exposé la manière de procéder des anciens orthodoxes. Quand ils voulaient engager une bonne persécution contre les hérétiques, qui leur rapporterait gloire et profit, ils commençaient par attaquer les Juifs, faibles, peu nombreux, plus accessibles que tous autres aux soupçons et aux préventions populaires.

Pour les meneurs de l'anti-alcoolisme, l'absinthe a joué le rôle des Juifs.

Mais qu'est-ce que l'absinthe ?

Dans le *Dictionnaire de médecine* de Robin et Littré on trouve : « L'absinthe est tonique, antiseptique, vermifuge et fébrifuge ». Le *Formulaire* de Dujardin-Beaumetz, dit : « L'absinthe est un tonique stimulant, emménagogue, fébrifuge, vermifuge ».

Mais cette plante, qui a de si bonnes propriétés, n'était employée dans la composition de la liqueur portant le nom d'absinthe que comme parfum. Voici quelle en était la composition courante : 4 p. 100 d'anis, 4 p. 100 de fenouil, 2 p. 100 d'hysope et 2 p. 100 d'absinthe.

Comme l'absinthe était bue étendue d'eau, on voit la faible proportion de l'absinthe dans la boisson.

Un beau jour, en mars 1905, la Chambre des représentants Belges supprima par surprise la vente de l'absinthe en Belgique, sur la proposition de M. Devigne, député libéral de Gand.

Un fait montre le sérieux avec lequel ces questions sont étudiées : tous les journaux publièrent que la Belgique avait consommé en 1904, 132.000 hectolitres d'absinthe, chiffre de la consommation de la France. Quel péril ! En réalité, la Belgique ne consommait pas 1.000 hectolitres d'absinthe par an.

Le rapport de M. Carton de Wiart contenait une liste des boissons d'après leur toxicité. Or, avant l'absinthe, se trouvait l'essence de menthe qui était admise à la buvette de la Chambre des Représentants, tandis que le cognac en était prohibé.

Au Sénat, M. Lambiotte et deux ou trois de ses collègues firent entendre des vérités indiscutables ; mais la majorité suivit la Chambre.

En France, M. Ferdinand Buisson déposa une proposition de loi ayant pour objet la suppression de l'absinthe. Il renforça son exposé des motifs par le considérant suivant emprunté à une pétition de la *Ligue nationale contre l'alcoolisme* :

Attendu que l'absinthe rend fou ou criminel ; qu'elle provoque l'épilepsie et la tuberculose, et qu'elle tue chaque année des milliers de français ; attendu qu'elle fait de l'homme une bête féroce ; de la femme une martyre ; de l'enfant un dégénéré, qu'elle désorganise et ruine la famille et menace ainsi l'avenir du pays.

Sur quels faits étaient appuyés ces considérants ?

M. Clemenceau avait ordonné d'ouvrir une enquête spéciale dans les divers établissements d'aliénés, afin de déterminer le nombre exact des malades chez lesquels l'aliénation mentale a pour cause exclusive ou adjuvante l'intoxication alcoolique.

En voici les résultats généraux d'après un rapport publié dans le *Journal officiel* du 3 juillet 1907.

Les malades dénombrés dans l'enquête ont été classés en trois groupes.

Le premier, groupe A, comprend tous les cas d'alcoolisme simple; quelle qu'en soit la forme (confusion mentale, délire hallucinatoire, épilepsie, affaiblissement des facultés, paralysie générale, etc.), où l'intoxication alcoolique a été reconnue comme cause exclusive des troubles cérébraux.

Le second, groupe B, comprend les cas d'alcoolisme présentant l'un ou l'autre de ces caractères, savoir : que le cas soit compliqué de dégénérescence ou de débilité mentale ou qu'il ait été constaté en même temps de l'alcoolisme nettement défini chez les ascendants.

Enfin, le troisième, groupe C, comprend les cas de folie de toute espèce, manie, folie intermittente, paralysie générale, délires systématisés, etc., qui, sans être des cas d'alcoolisme proprement dits, comptent l'intoxication alcoolique au nombre de leurs causes déterminantes.

Le nombre des aliénés de ces divers groupes s'élevait, le 1er janvier, aux chiffres suivants :

	Hommes.	Femmes.	Total.
Aliénés du groupe A.	2.287	721	3.008
Aliénés du groupe B.	2.237	1.048	3.285
Aliénés du groupe C.	2.538	1.101	3.639
Total des trois groupes .	7.062	2.870	9.932

D'après la nomenclature donnée, le nombre des alcooliques a été plutôt augmenté que diminué dans cette statistique, car le groupe C donne lieu à des interprétations qui dépendent des médecins.

Eh bien ! contrairement aux assertions fréquemment répétées, les alcooliques ne remplissent pas les asiles : ils ne sont qu'au nombre de 9.932 sur 71.547, soit 13,60 p. 100 du total, soit un peu plus de 1 sur 8.

J'en vois que l'alcoolisme a assez bien conservés, car 232 sont au-dessus de 70 ans et 21 au-dessus de 80 ans, soit un peu plus d'un pour cent.

Le document répartit les aliénés alcooliques d'après la nature du spiritueux qu'ils consommaient habituellement :

	Hommes.	Femmes.	Total.
	—	—	—
Absinthe	1.372	165	1.537
Eau-de-vie	1.911	720	2.631
Cidre ou bière	453	211	664
Vin	1.275	480	1.755
Apéritifs divers	2.051	1.294	3.345

Ces renseignements, n'étant obtenus que par les dires du malade lui-même, sont très incertains. Ils indiquent que le cidre ou la bière auraient produit 664 alcooliques; et le vin 1.755 alcooliques.

A la charge du groupe des boissons dites hygiéniques, on trouverait donc 2.419 alcooliques, tandis que l'absinthe n'en aurait produit que 1.537, soit 872 en moins. L'absinthe fournit donc 36 p. 100 de moins aux asiles d'aliénés que le vin, le cidre et la bière. Si l'absinthe est un poison, il faut interdire également le vin, le cidre, la bière, les eaux-de-vie, tous les autres apéritifs, toutes les liqueurs, toutes les boissons fermentées et distillées ; car les victimes de ces boissons comptent pour 85 p. 100, tandis que celles de l'absinthe ne comptaient que pour 15 p. 100, un peu plus de 1 sur 8.

Il y aurait, dans la population des asiles, 2 p. 100 de victimes de l'absinthe : et relativement à la population française, 38 par chaque million d'habitants. Voilà le péril.

Au moment où une commission de la Chambre des députés discutait la proposition de loi de M. Ferdinand Buisson pour la suppression de l'absinthe, je posai la question suivante :

— Si l'absinthe a les effets nocifs qu'on lui attribue, la population des centres où on la produit doit en éprouver les effets. Il serait utile que le gouvernement fît une enquête.

Le gouvernement demanda ces renseignements d'urgence. Le parquet de Pontarlier, chargé de la partie la plus importante de l'enquête, répondit par un volumineux rapport, appuyé de quinze tableaux annexes. Par on ne sait quel hasard plus ou moins accidentel, la commission ne reçut pas le rapport : cependant par 9 voix contre 5 sur 14 votants, elle repoussa la proposition d'interdiction de fabrication et de vente de l'absinthe.

M. Ferdinand Buisson déclara que « ce jour était une date néfaste qui devait être marquée d'une croix noire ».

M. Edmond Couleru, procureur de la République à Pontarlier, publia son rapport sous ce titre : *Au pays de l'absinthe. Y est-on plus criminel qu'ailleurs, ou moins sain qu'ailleurs de corps et d'esprit*[1] *?*

L'auteur de ce rapport ne s'était placé qu'au point de vue objectif. Ce rapport peut servir de modèle à tous ceux qui ont à faire des travaux statistiques de ce genre.

1. Un vol. in-8°, 1908, Montbéliard. *Société anonyme d'imprimerie.*

La natalité avait diminué; mais tandis que le taux de la natalité pour l'ensemble de la France était de 1891 à 1900 de 22,24 p. 1000, en 1907 de 19,17 p. 1000, il était à Pontarlier de 24,74.

Le taux de la mortalité avait diminué; 23,40 p. 1000 pendant la période 1872-2875 : 21,42 pour la période 1901-1905. Dans la ville, on a les taux respectifs de 33,33 p. 100 et de 23,48.

De 1871 à 1907, l'arrondissement de Pontarlier a fourni 300 aliénés internés, sur lesquels 68 hommes et 14 femmes, avaient des antécédents alcooliques, soit 82, ou 27 p. 100 : cela fait 2 par an.

Au point de vue criminel, de 1871 à 1907, il n'y a pas eu une poursuite pour coups mortels : celles pour meurtre avaient cessé en 1900, pour assassinat en 1905. De 1871 à 1875, il y a eu une moyenne de 83 inculpés pour coups et blessures : dans les cinq années 1900-1905, la moyenne était tombée à 52.

Les anti-alcooliques vont-ils conclure que les habitants de Pontarlier ne buvaient pas d'absinthe? ils en buvaient; l'augmentation n'était pas continue; les quantités consommées dans la ville de Pontarlier s'étaient élevées jusqu'à 820 hectolitres en 1888; elles étaient tombées à 254 en 1891; elles s'étaient relevées à 648 en 1891; elles étaient tombées en 1904 à 532 et en 1906 à 240.

Dans les autres communes de l'arrondissement, la consommation avait subi d'autres variations qui ne concordaient pas avec la consommation du chef-lieu. En 1888, elles consommaient 143 hectolitres; en 1891, 801; en 1893, 869; puis la consommation tombe à 483 en 1903 et remonte à 1130 en 1906.

Ajoutons que dans l'établissement Pernod, avant chaque repas, des verres contenant de l'absinthe étaient alignés sur une longue table. Un homme passait avec un arrosoir pour opérer le mélange. Chaque personne de l'établissement pouvait en prendre, et la plupart en prenaient.

Voilà donc les « ravages » de l'absinthe dans le lieu de France où ils devaient sévir de la manière la plus intense. Les faits sont contraires aux assertions répétées par les prédicateurs de la Ligue anti-alcoolique.

Cela n'a pas empêché, le Parlement de voter la suppression de l'absinthe, sans satisfaire, du reste la passion des anti-alcooliques. Loin de là. Elle leur a donné foi dans leur force et a augmenté leurs exigences.

LIVRE IV

L'ALCOOL ET LA DÉMOGRAPHIE

CHAPITRE PREMIER

LA NATALITÉ

Dans la séance du congrès de la Ligue des Droits de l'homme du 26 mai 1912, voici les assertions que je relève.

M. *Albert Lévy* : — Si vous comparez la consommation de l'alcool en France et en Allemagne, vous vous apercevrez que le Français consomme 18 litres d'alcool tandis que l'Allemand n'en consomme que 9 litres. La conséquence de cet état de choses c'est qu'en 1870 nous avions une population égale à celle de l'Allemagne et qu'à l'heure actuelle, alors que nous sommes restés stationnaires, la population allemande a doublé [1].

Il n'est pas le seul anti-alcoolique qui ait affirmé que la consommation de l'alcool était une des causes de la faiblesse de la natalité en France. Par conséquent, les départements qui consomment le plus d'alcool devraient être ceux dans lesquels la natalité est la plus faible.

Nous donnons ci-dessous, pour un certain nombre

1. Voir *supra*, liv. II, ch. IV.

de départements, le relevé par tête de la consommation d'alcool en 1912 et 1913, et le relevé des excédents de naissances sur les décès par 10.000 habitants pour les années correspondantes.

			Excédent des naissances sur les décès par 10.000 habit.	
	1913	1912	1913	1912
Seine-Inférieure	12,51	12,49	+ 26	+ 31
Oise	8,24	8,10	»	+ 1
Pas-de-Calais	7,95	7,79	+ 99	+100
Eure-et-Loir	7,18	7,27	+ 13	+ 16
Aisne	6,84	6,77	+	+ 22
Ardennes	5,55	5,29	+ 14	+ 16
Finistère	5,45	5,33	+ 84	+105
Côtes-du-Nord	5,04	5,07	+ 33	+ 38
Ille-et-Vilaine	4,94	5,00	+ 9	+ 5
Nord	4,91	4,76	+ 53	+ 55
Morbihan	3,72	3,32	+ 71	+ 82

			Excédent des décès sur les naissances par 10.000 habitants.	
	1913	1912	1913	1912
Calvados	9,87	11,29	— 25	— 19
Eure	8,88	9,48	— 21	— 20
Manche	6,92	7,30	— 4	— 2
Orne	6,60	7,14	— 50	— 41
Haute-Garonne	2,33	2,20	— 51	— 42
Gironde	2,28	2,14	— 21	— 16
Yonne	1,96	1,84	— 44	— 39
Lot-et-Garonne	1,44	1,44	— 46	— 43
Lot	1,25	1.22	— 59	— 46
Gers	1,01	0,98	— 56	— 56

Le département de la Seine-Inférieure est celui qui représente la plus forte consommation d'alcool par tête. Il y a trois quarts de siècle au moins, on citait déjà Rouen comme une ville perdue par l'alcool.

Elle existe toujours, mais la tradition s'est continuée.

Cependant il faut se rappeler que la Seine-Inférieure contient trois ports importants, Le Havre, Rouen et Dieppe, et des stations de bains de mer. Les habitants de ce département n'absorbent pas tout l'alcool qui est mis à leur compte : les marins, les baigneurs et les voyageurs en ont leur contingent.

L'excédent des naissances sur les décès n'est pas très élevé, mais cet excédent existe, tandis que dans le Lot-et-Garonne, le Lot, le Gers où la consommation de l'alcool est de 85 p. 100 inférieure, l'excédent des décès sur les naissances est, en 1913, plus du double de l'excédent des naissances sur les décès dans la Seine-Inférieure.

Le département qui a eu en 1913 l'excédent de naissances le plus élevé est le Pas-de-Calais; et il vient le troisième au point de vue de la consommation de l'alcool par tête; le Finistère vient au septième rang au point de vue de la consommation de l'alcool et au second rang relativement à l'excédent des naissances; le Morbihan au onzième rang au point de vue de la consommation, et au troisième rang au point de vue de l'excédent des naissances; le Nord au dixième rang au point de vue de la consommation de l'alcool et au quatrième rang au point de vue de l'excédent proportionnel des naissances sur les décès.

Nous voyons un gros déchet de population dans quatre départements de Normandie grands consommateurs d'alcool; mais ce déchet est encore bien plus élevé dans des départements dont la consommation d'alcool par tête est insignifiante d'après les chiffres de la Régie.

Mais j'entends les anti-alcoolomanes, qui veulent

subordonner les faits à leurs postulats déclarer que cet alcool officiellement consommé ne représente qu'une fraction de l'alcool bu : car il y a des bouilleurs de cru au moins dans les départements de l'Yonne et du Gers. L'observation est exacte et montre la difficulté des statistiques humaines. Mais si la consommation de l'alcool est, dans ces deux départements, un obstacle à la natalité, il faut se rappeler que cet alcool est de l'alcool de vin, et alors l'argument dirigé contre l'alcool de cidre et contre l'alcool d'industrie tombe.

Je me borne à constater qu'en France, *il n'y a pas de rapport entre l'excédent de la natalité sur les décès et la consommation de l'alcool;* que les départements comme le Pas-de-Calais et le Nord qui sont de forts consommateurs d'alcool d'industrie sont en tête des départements reproducteurs, tandis que dans *les départements, comme l'Yonne et le Gers qui sont spécialement des consommateurs d'alcool de vin, l'excédent des décès sur les naissances est très élevé.*

Dans son enquête sur les populations rurales, M. Charles Benoist avait commencé par affirmer que l'alcoolisme diminuait la natalité : mais dans ses dernières communications, sur la Normandie, il a renoncé à cette thèse. Il a parlé au contraire de « l'insouciance attendrie des soirs de paye »; mais il affirme que l'alcoolisme produit des enfants chargés de tares qui meurent jeunes[1].

1. *Académie des sciences morales et politiques* du 1er août au 15 novembre 1916 et du 15 novembre 1916 au 15 janvier 1917. *Journal des Économistes*, décembre 1916 et mars 1917.

CHAPITRE II

LA MORTALITÉ INFANTILE

— Les parents alcooliques engendrent des mort-nés ou des enfants chargés de tares qui meurent jeunes !

Voilà l'affirmation *a priori* qui est lancée par tous les anti-alcoolomanes : et elle paraît vraisemblable. Voici les faits.

Pour toutes sortes de raisons, il est assez difficile de faire la statistique des mort-nés. Elle n'apparaît même pas dans certains recensements [1].

Ces réserves faites, M. Lucien March croit pouvoir indiquer pour la période 1906-1910 la proportion des enfants mort-nés par 10.000 habitants. Les nombres les plus élevés sont fournis par le Japon, 32 pour 10.000 habitants, l'Italie 15 ; ces deux pays sont des pays sobres.

Puis viennent les Pays-Bas 12, la Belgique 11, l'Empire allemand, etc., 10, on n'en compte que 9 pour la France et la Suisse qui ne sont pas des pays abstinents et que 7 pour le Danemark, 6 pour la Norvège et la Suède qui ne sont pas des pays sobres. Mais dans ces derniers pays, on ne compte comme mort-nés que ceux morts avant ou pendant l'accouchement ; en

1. *Statistique internationale du mouvement de la population*, 1er vol. jusqu'à 1905, 2e vol. 1901-1910, p. 67.

France et en Belgique parmi les mort-nés figurent des enfants présentés sans vie, c'est-à-dire morts avant la déclaration de naissance, et leur nombre peut être évalué à 15 p. 100 du total des mort-nés enregistrés.

La mortalité infantile a diminué dans tous les pays dont on peut comparer les statistiques. Le rapport des décès 0 à 1 an au nombre des enfants vivants pendant la période 1881-85 et pendant la période 1906-1910 donne les chiffres suivants[1] :

	Baisse de la mortalité p. 100.	Décès p. 1.000 naissances.
	1906-1910	
Belgique	90	141
Angleterre	85	117
Prusse	81	168
Danemark	81	108
Autriche	80	203
Italie	78	152
France	75	126
Norwège	69	70
Suisse	67	115
Pays-Bas	63	114

La plus forte baisse se trouve en Belgique, et la Belgique est un des pays qui compte le plus de buveurs. Le chiffre de la France est de beaucoup inférieur à celui de l'Autriche, de la Prusse et de l'Italie.

1. *Statistique internationale*, 2e vol., p. 31.

CHAPITRE III

L'HÉRÉDITÉ ALCOOLIQUE

Je crois utile de faire connaître un document de premier ordre qui paraît être, en France, ignoré des milieux anti-alcooliques.

J'ai rappelé dans l'*Introduction* de ce livre le caractère de *The Francis Galton Eugenics laboratory*, attaché à l'Université de Londres et dirigé par le professeur Karl Pearson.

La première étude vraiment scientifique, sur l'*Influence of Parental alcoholism* y a été faite par miss Ethel M. Elderton et M. Karl Pearson. Ils prirent pour base de leurs études deux rapports : l'un de l'*Edinburgh charity organization society* sur des enfants d'une école ; l'autre un rapport de miss Mary Dendy sur ceux d'une école spéciale de Manchester.

Les enfants étaient âgés de 5 à 14 ans et des deux sexes en nombre égal.

Le format et l'étendue de ce petit volume ne me permettent pas de reproduire les grands tableaux et les graphiques de ce mémoire ; mais je donne la traduction littérale de quelques passages importants[1].

1. *Eugenic's Laboratory mémoirs X A first study of the influence on the physique and ability of the offspring.* Un mém. in-4° de 46 pages (London, Cambridge University Press).

Page 5. *Alcoolisme des parents, taille et poids des enfants.* — Considérons d'abord l'effet de l'alcoolisme des parents sur la taille actuelle et le poids de leurs enfants. Nous avons d'abord divisé nos statistiques en deux groupes seulement : l'un où les deux parents boivent, l'autre où aucun des parents ne boit ; puis nous avons fait la détermination de corrélations par une nouvelle méthode du professeur Pearson. Le premier pas nécessaire dans cette méthode et de découverte d'un coefficient de corrélation est de trouver les moyennes des classes. Nous constatons que la hauteur moyenne des fils de parents non alcooliques était de 47,5 pouces, et celle des enfants de parents alcooliques 47,9 pouces et la corrélation 0,07, c'est-à-dire une très légère relation entre les parents qui boivent et des fils plus grands ; et il en a été à peu près de même pour le poids ; le poids moyen des fils de non alcooliques était de 53,8 lbs et celui des fils de parents alcooliques 5,50 lbs. ; la corrélation entre les parents alcooliques et les fils plus lourds était de .06.

Nous avons constaté que l'âge moyen des fils de parents non alcooliques était de 9,4 et des parents alcooliques de 9,8 et la corrélation entre les parents alcooliques et les fils plus âgés était de 0,1. Pour employer la formule de corrélation partielle, nous trouvons que le coefficient entre les parents alcooliques et le physique appauvri chez leurs fils, pour un âge constant était de 0,04 quant à la hauteur et de 0,05 pour le poids. Les résultats sont donnés dans le tableau I pour filles et garçons.

TABLEAU I

Garçons.		Parents sobres.	Parents buveurs.
Hauteur moyenne		47,5	47,9
Poids moyen		53,8	55,0
Age moyen		9,4	9,8
Coefficients corrélatifs.	Boisson et taille	— .07	
	Boisson et poids	— .06	
	Boisson et plus grand	.11	
Coefficients partiels.	Boisson et taille pour âge constant	0,04 + 0,03	
	Boisson, poids pour âge constant	0,05 + 0,03	

Filles.		Parents sobres.	Parents buveurs.
Hauteur moyenne		46,8	46,6
Poids moyen		52,7	52,3
Age moyen		9,3	9,4
Coefficients corrélatifs.	Boisson et taille	.03	
	Boisson et poids	.02	
	Boisson et plus grand	.03	
Coefficients partiels.	Boisson et taille pour âge constant	0,09 + 0,03	
	Boisson, poids pour âge constant	0,08 + 0,03	

Le signe — indique qu'une condition meilleure chez l'enfant est corrélative à l'alcoolisme chez les parents.

Page 8. *Manchester.* — Du rapport manuscrit de Miss Dendy concernant les enfants dans les écoles spéciales de Manchester[1] nous avons établi la classification suivante : *a*) normal ; *b*) délicat ; *c*) phtisique et épileptique ; *d*) mort dans le jeune âge de « crises ou convulsions », « consomption », etc. Le pourcentage des enfants de parents sobres ou alcooliques ayant différents degrés de santé sont indiqués ci-dessous :

Garçons.	Père sobre.	Père alcoolique
Bien portants	57,8	59,2
Délicats	14,8	15,8
Epileptiques et phtisiques	9,1	4,3
Morts jeunes	18,3	20,7

Filles.	Père sobre.	Père alcoolique.
Bien portantes	57,2	61,7
Délicates	14,8	13,9
Epileptiques et phtisiques	6,4	3,9
Mortes jeunes	23,0	20,5

Garçons.	Mère sobre.	Mère alcoolique.
Bien portants	57,5	61,7
Délicats	15,0	19,4
Epileptiques et phtisiques	5,3	2,2
Morts jeunes	22,2	16,7

Filles.	Mère sobre.	Mère alcoolique.
Bien portantes	59,0	57,6
Délicates	14,7	18,2
Epileptiques et phtisiques	8,4	3,0
Mortes jeunes	18,0	21,2

Ces pourcentages indiquent que les différences entre la santé des enfants de parents sobres et ceux de parents alcooliques sont très légères et comportent une certaine irrégularité. Le seul fait constant dans les quatre tableaux est le plus grand pourcentage d'enfants souffrant d'épilepsie et de phtisie parmi les enfants de parents sobres. Dans trois cas sur les quatre, nous trouvons un nombre légèrement plus élevé d'enfants bien portants chez les enfants de parents alcooliques, et un nombre légèrement plus élevé de délicats; dans la classe « morts jeunes » nous trouvons en deux cas le plus grand nombre parmi les enfants d'intempérants et en deux cas parmi les enfants de parents sobres. Il est évident, d'après ces tableaux, que les corrélations sont très petites et qu'il est difficile de décider si, pris en masse, elles doivent être considérées comme positives ou négatives, c'est-à-dire, si le rapport est entre l'intempérance et la mauvaise santé, ou entre l'intempérance et la bonne santé.

Page 11. — Le fait, démontré par ces chiffres, que les enfants d'intempérants sont mieux portants que les enfants de gens sobres, est probablement dû à la circonstance que parmi les membres de la communauté les plus virils et les plus physiquement aptes sont plus enclins à la tentation alcoolique, et par conséquent le résultat observé est un effet indirect de l'hérédité et non un résultat d'alcoolisme. Le plus grand pourcentage d'enfants phtisiques et épileptiques dans les familles sobres est aussi très probablement du à la même cause : à savoir ces conditions pathologiques proviennent de constitutions transmises par hérédité, et les parents d'enfants phtisiques et épileptiques étant eux-mêmes de constitution plus faible que les parents moyens, sont moins exposés à l'alcoolisme. On peut encore constater que dans le cas d'enfants morts jeunes, alors que dans le cas des garçons les parents des deux sexes sont plus sobres que la moyenne, pour les filles ils sont plus alcooliques que la moyenne ; ceci paraît indiquer que le résultat est dû plutôt au milieu qu'à une influence toxique, et correspond à ce que nous avons remarqué au sujet du poids et de la taille d'enfants par rapport à l'alcoolisme des parents. Prenant la santé en masse nous sommes forcés de dire que, — sauf pour la phtisie et l'épilepsie qui apparaissent moins fréquemment chez les enfants de parents alcooliques — *il n'y a aucune relation significative entre l'alcoolisme des parents et la mauvaise santé des enfants.* Les différences sont beaucoup trop légères pour permettre d'en tirer des conclusions sûres, et il n'y a pas de relations intense et proche entre l'alcoolisme et la santé défectueuse ou les conditions pathologiques de la progéniture.

Page 12. *Alcoolisme des parents et intelligence des enfants.* — D'abord nous considérerons les résultats des écoles spéciales de Manchester. Nous divisons les enfants en 1° mentalement défectueux et 2° normaux.

Page 13. — Sur quatre tableaux, trois indiquent une corrélation négative, c'est-à-dire une corrélation entre parents sobres et enfants mentalement faibles ; les coefficients de corrélation étant très petits ne peuvent avoir une grande signification ; mais ils indiquent clairement que l'affirmation que l'alcoolisme du parent est une cause de faiblesse intellectuelle chez les enfants doit être acceptée avec réserve ; ce n'est pas le cas pour les défectueux de Manchester. Lorsque le père est sobre, nous trouvons 41 p. 100 de ses fils et 31 p. 100 de ses filles mentalement défectueux, chiffres qu'il faut comparer avec 34 p. 100 et 30 p. 100, lorsqu'il est alcoolique. Lorsque la mère est sobre nous trouvons 39 p. 100 de ses fils et 30 p. 100 de ses filles mentalement défectueux, à comparer avec 40 p. 100 et 24 p. 100 lorsque la mère est alcoolique. Ici encore nous répétons que nous ne supposons pas que la sobriété soit une cause de défectuosité mentale, pas plus que nous ne la croyons cause de phtisie ou d'épilepsie. La légère association, si elle a quelque signification, est probablement un effet secondaire d'influence héréditaire, les enfants de faible mentalité venant d'une souche plus faible, qui n'a ni le désir ni peut-être la capacité d'alcoolisme qu'aurait une souche de physique plus vigoureux.

Page 14. — Lorsque nous examinons les proportions d'enfants ayant une bonne intelligence, nous trouvons un léger excédent de bonne intelligence parmi les fils de parents qui boivent et un léger excédent de bonne intelligence parmi les filles de parents qui ne boivent pas. Dans la catégorie des intelligences lentes et défectueuses nous trouvons un excédent parmi les fils de pères sobres et dans les autres tableaux l'excédent des intelligences lentes apparait parmi les enfants de parents qui boivent. Les différences partout sont petites.

Page 16. *Alcoolisme des parents et capacité visuelle des enfants.* — Par exemple, si l'alcoolisme des parents produisait une dégénérescence générale des enfants, elle devrait être marquée par la vision défectueuse des enfants. De plus, les parents alcooliques sont particulièrement aptes à négliger la propreté et les soins dont dépend largement l'hygiène de l'œil. Enfin, l'alcoolisme dans la maison peut forcer les enfants à vivre dehors en grande partie, et produirait ainsi même un milieu favorable à la vue. Bref, il n'y a pas de champ dans lequel, si nous le considérons un peu soigneusement, nous pouvons rencontrer un si grand enchevêtrement des trois influences fondamentales de l'alcool ; l'hérédité, la toxicité et le milieu.

Page 18. — Le mémoire contient quatre tableaux,

nous nous bornons à reproduire les conclusions : deux faits sont communs aux quatre tableaux : 1° la plus grande proportion d'yeux normaux parmi les enfants de buveurs que de non buveurs ; 1° la plus grande proportion d'enfants qui souffrent d'astigmatisme complexe, d'hypermétropie, et de myopie ou astigmatisme myopique parmi les filles et garçons de parents sobres. La classe de vision qui indique quelque irrégularité dans les pourcentages est l'astigmatisme hypermétropique ; dans deux cas, nous trouvons un plus grand pourcentage de ce défaut de l'œil chez les enfants de parents sobres et dans deux cas, chez les enfants de parents qui boivent.

Page. 19 — Partout les *rapports sont vraiment minimes et évidemment peu simples de caractère,* de sorte qu'on ne saurait y insister beaucoup ; mais autant qu'on peut s'y fier, *ils n'indiquent aucune relation définie et marquée entre l'intempérance et la vision défectueuse ; la relation, s'il en existe, serait plutôt entre l'intempérance et une bonne vision.*

Pour la mortalité enfantine nous devons déterminer le coefficient partiel de corrélation et corriger notre mortalité « globale » pour une grandeur constante de famille ; ceci veut dire que nous devons trouver trois corrélations : 1° entre l'alcoolisme des parents et la mortalité ; 2° entre l'alcoolisme des parents et la grandeur de la famille ; 3° entre la mortalité et la grandeur de la famille.

En conservant les trois divisions de sobre, boit et boit par accès, nous avons trouvé les proportions corrélatives. Le premier pas à faire dans ce procédé est de trouver la moyenne pour chaque groupe, c'est-

-dire : 1° la moyenne du nombre d'enfants morts et 2° la grandeur moyenne de la famille lorsque les parents sont sobres, lorsqu'ils boivent, et lorsqu'ils boivent par accès. (App. Tableaux LIII à LVI inclus, et Tableau LXII).

	Père		
	sobre.	alcoolique.	par accès.
Nombre moyen d'enfants morts.	1,73	1,99	1,97
Grandeur moyenne de la famille	5,99	6,20	6,03
Famille nette.	4,26	4,21	4,06
Taux de mortalité p. 100.	28,9	32,1	32,7

	Mère		
	sobre.	alcoolique.	par accès.
Nombre moyen d'enfants morts.	1,68	2,09	2,28
Grandeur moyenne de la famille	5,91	6,25	6,32
Famille nette	4,23	4,16	4,04
Taux de mortalité p. 100.	28,4	33,4	36,1

Ces moyennes indiquent que les pères sobres ont en moyenne moins d'enfants morts et des familles plus petites que les pères qui boivent, et il en est de même pour les mères qui boivent.

Quand nous examinons les moyennes pour la mère nous apercevons que lorsque la mère boit le taux de mortalité est plus lourd et les différences sont plus grandes, mais la différence la plus notable est lorsque la mère boit par à-coups.

Page 27. — Une partie de cet excédent de mortalité parmi les enfants est certainement due aux accidents, à l'étouffement pendant le sommeil, aux brûlures, et à d'autres causes provenant de négligence, mais nous serions portés aussi à l'attribuer au moins en partie aux mêmes causes, — probablement le manque de soins au logis, l'alimentation défectueuse, peut-être à d'autres facteurs qui peuvent être toxiques, — que celles qui se manifestent dans la taille et le poids légèrement au-dessous de la moyenne, que l'on rencontre parmi les enfants de mères alcooliques lorsqu'ils arrivent à l'âge d'écoliers.

Les résultats pour Edimbourg et Manchester semblent indiquer que depuis la population générale jusqu'à une classe très dégénérée — les parents d'enfants de faible esprit — l'excédent de mortalité due à l'alcool varie entre 10 p. 100 et 13 p. 100 de la mortalité générale. Ces résultats ne paraissent guère d'accord avec la déclaration courante que 25 p. 100 des morts d'enfants au-dessous de l'âge de cinq ans sont dues à l'intempérance. Le pourcentage est assez grand sans besoin d'exagération. Mais ce n'est pas un paradoxe que de déclarer que si les alcooliques devenaient sobres le gain net en vies d'enfant ne serait même pas de 10 p. 100 à 13 p. 100 mais à peine 1 p. 100, parce que les parents alcooliques sont plus féconds que les sobres et ainsi leurs familles nettes sont presque égales. Ceux qui déclarent que sans l'alcoolisme l'augmentation de la population serait de 25 p. 100 plus rapide, n'ont pas tenu compte de la fécondité *nette* des parents alcooliques.

Tous les travaux entrepris dans le *Galton Eugenics laboratory* pour mesurer le rapport avec le milieu familial et le caractère chez l'enfant ont donné des corrélations peu élevées, des valeurs variant entre 0 et 2 numériquement.

Voici les conclusions auxquelles a abouti cette étude :

Page 31. — 1. Il y a une plus grande mortalité parmi les enfants d'alcooliques que parmi les enfants de parents sobres. Ceci paraît plus marqué dans le cas de la mère que du père, et puisqu'elle est sensiblement plus élevée dans le cas de la mère qui a des crises de boisson que dans celui de la mère qui boit habituellement, il semblerait que cette mortalité soit le plus souvent due à des accidents et à la négligence excessive, peut-être aussi à un degré moindre, à l'effet toxique sur l'enfant.

En raison de la plus grande fécondité des parents alcooliques, la famille nette des sobres est à peine plus grande que celle des alcooliques.

2. Le poids et la hauteur moyens des enfants de parents alcooliques sont légèrement plus élevés que ceux de parents sobres, mais comme l'âge des enfants du premier groupe est légèrement plus élevé, les corrélations lorsqu'on les corrige pour l'âge sont plutôt positives, c'est-à-dire, que le poids et la taille sont un peu plus élevés chez les enfants des sobres. Dans le cas du père les corrélations sont sans significations eu égard à leur erreur probable ; dans le cas de la mère ils peuvent être tout juste significatifs mais sont si minimes qu'ils n'ont pas d'importance[1].

3. Les salaires des alcooliques comparés avec ceux

1. Ces différences peuvent même être dues à des différences raciales, savoir un mélange d'Irlandais, ou de Celtes de petite taille, parmi les buveurs extrêmes.

des parents sobres indiquent une légère différence compatible avec le peu de sympathie des employeurs pour un employé alcoolique, mais absolument incompatible avec une infériorité mentale ou physique quelque peu marquée chez l'alcoolique.

4. La santé générale des enfants de parents alcooliques paraît en général un peu meilleure que la santé des enfants de parents sobres. Il y a moins d'enfants délicats et, de façon très marquée, les cas de tuberculose et d'épilepsie sont moins fréquents chez les enfants d'alcooliques que chez les enfants de sobres. La source de cette relation peut être découverte de deux côtés différents : ceux de la communauté qui sont le plus forts au point de vue physique ont probablement la plus grande capacité et le goût le plus prononcé pour l'alcool. D'un autre côté, le taux plus élevé de mortalité parmi les entants d'alcooliques ne laisse sans doute survivre que les plus aptes. L'épilepsie et la tuberculose, qui dépendent l'une et l'autre de conditions constitutionnelles héritées, seraient plus communes chez les parents des enfants affectés, et il est probable que si elles se trouvaient combinées avec l'alcoolisme, elles sont incompatibles avec une durée appréciable de vie, ou avec une famille de quelque grandeur. Si ces vues sont correctes, nous ne pouvons que dire *que l'alcoolisme des parents n'a pas d'effet marqué sur la santé des enfants.*

5. *L'alcoolisme des parents n'est pas une source de faiblesse mentale chez l'enfant.*

6. Le rapport, s'il en existe, entre l'alcoolisme des parents et l'intelligence filiale est si minime, que l'on ne peut même en déterminer le signe par les échantillons actuels.

7. Les enfants à vision normale et à réfraction normale paraissent être plutôt prépondérants chez les familles de parents alcooliques. Les parents qui ont des « accès de boisson » donnent des résultats intermédiaires, mais il n'y a pas de rapport important entre l'excellence de la vision et l'alcoolisme des parents. On a cherché à émettre une explication basée sur le fait que l'alcoolisme des parents chasse l'enfant dans la rue. On a constaté que cette explication était sensiblement correcte, les enfants de parents alcooliques passant beaucoup plus de leurs loisirs dans les rues que les enfants de gens sobres. Un examen, cependant, de la vision et de la réfraction d'enfants, ayant égard au temps qu'ils passaient au logis ou dans la rue, ne donna aucun résultat clair et défini. Les enfants qui passaient tout ou la plus grande partie de leurs loisirs dans les rues ayant le plus de myopie, et aussi le plus de vue normal. Il n'a pas été possible d'affirmer que la vie au dehors fût meilleure pour la vue, ou que la meilleure vue des enfants d'alcooliques fut due au temps plus considérable qu'ils passaient dehors.

8. La fréquence des maladies de l'œil et des paupières, que l'on pourrait volontiers attribuer à la négligence des parents n'a, d'après les recherches, que peu, ou point, de rapport avec l'alcoolisme des parents.

Page 31. — 4. En résumé, *aucun rapport sensible n'a été découvert entre l'intelligence, l'état physique ou la maladie des enfants et l'alcoolisme des parents dans aucune des catégories examinées.* En somme la balance tourne aussi souvent en faveur des parents alcooliques qu'en faveur des parents non-alcooliques. Inutile de dire que nous n'attribuons pas ce résultat à l'alcool mais à certains caractères physiques et peut-être mentaux qui paraissent s'associer à la tendance à l'alcoolisme. D'autres catégories lorsqu'on les aura examinées donneront peut-être un autre résultat mais nous avouons que notre expérience quant à l'influence du milieu a été maintenant si considérable, que nous ne croyons guère que l'on puisse rencontrer des corrélations importantes.

Si, ainsi que nous le pensons, le danger des descendances alcooliques se trouve principalement dans les facteurs directs et les croisements héréditaires dont il est le signe extérieur et somatique, le problème de ceux qui luttent contre l'alcoolisme est un des problèmes fondamentaux de la science du développement de l'espèce. Nous craignons qu'il ne se passe bien du temps avant que le réformateur anti-alcoolique n'en donne la solution.

CHAPITRE IV

LES OBSERVATIONS DE MISS LOANE

M. A. Shadwell avait dit[1] : « Cette observatrice perspicace, miss Loane, a raconté un cas particulier et frappant de descendance, connu d'elle, qui confirme sérieusement les conclusions de l'*Eugenics laboratory* ». Miss Loane est l'auteur de nombreux ouvrages sur la vie des travailleurs sans avoir de rapport spécial avec la question de la tempérance. Elle ne se rappelle pas dans lequel de ces livres se trouve le cas auquel avait fait allusion M. Shadwell ; mais elle m'a envoyé un grand nombre de cas analogues. En voici quelques-uns.

1° Un cordonnier de village et sa femme boivent beaucoup tous les deux ; ils ont eu 14 enfants, qui ont tous atteint l'âge mûr et vivent de leur travail.

2° Un ouvrier agricole, propriétaire d'un cottage et d'une acre de terre. Sa femme et lui boivent à l'excès. Dix enfants, sans défaut congénital, mais souffrant des mauvais soins. Ils sont souvent exclus de l'école à cause de la vermine.

3° Un ouvrier souvent ivre dans une petite ville ; femme sobre : onze enfants vivants.

4° Un mineur violent et brutal. Sa femme boit aussi un peu, plusieurs enfants répandus dans le monde ; trois à la maison, forts et en bonne santé.

5° Un mécanicien actif mais très brutal et violent. Sa femme

1. *Encyclopedia Britannica*, art. *Temperance*, t. 26, p. 590.

sobre et d'une force au-dessus de la moyenne. Huit garçons et une fille, extrêmement robustes ; un neuvième, mort jeune, mais la mère l'avait eu à l'âge de 51 ans.

Miss Loane confirme les observations de l'*Eugenics laboratory*, en disant :

« D'après mon expérience générale, les enfants au début de la vie de parents ivrognes ou de parents sobres sont égaux, mais quand il y a dans la maison une grande pauvreté, de la négligence et de la cruauté, ils se détériorent rapidement. Moralement et intellectuellement, au point de vue moral ils me paraissent soit au-dessus soit au-dessous de la moyenne. »

Elle connaît quelques familles depuis trois générations où les petits enfants des ivrognes sont en petit nombre et inférieurs. Mais il est possible, dit-elle « que ce soit spécialement dû à ce que les filles, dans leur horreur pour les ivrognes, se marient souvent à des ouvriers incapables, de façons aimables, mais de mauvaise santé. »

CHAPITRE V

LA TUBERCULOSE

A propos de la statistique des décès par tuberculose, M. Lucien March, directeur de la *Statistique générale* de la France, a fait les observations suivantes :

« La tuberculose est dans tous les pays, la maladie la plus meurtrière. Quel que soit l'intérêt que présente cette cause de décès, on ne tentera cependant pas de rapprocher ou de comparer la proportion de décès attribués à cette maladie pour les divers pays... Il convient de ne considérer qu'avec une très grande circonspection les nombres de décès par tuberculose. Il est certain que tous les décès par tuberculose ne sont pas attribués à cette maladie. On constate, en effet, que dans les pays ou la tuberculose est la moins meurtrière, les proportions annuelles pour un million d'habitants de décès par bronchite chronique ou autres maladies des organes respiratoires sont, au contraire, les plus considérables. Tel est le cas, par exemple, de l'Italie. »

Les statistiques internationales sur la tuberculose ne peuvent donner des renseignements relativement à ses rapports avec la consommation de l'alcool. Le chiffre des décès par tuberculose des poumons a un peu diminué dans l'Angleterre et le pays de Galles ;

moyenne annuelle de la période 1901-1905 : 40.566 ; période 1906-1910 : 38.811. Ecosse, 6.618 ; 6.070, nous n'avons pas de comparaison pour l'Irlande.

Dans la plupart des autres pays les chiffres ont peu varié. Au Japon, ils indiquent une progression 68.177 pour 1901-1905 ; 78.629 pour 1906-1910, ce qui donne 1.463 et 1.587 décès pour 1.000.000 d'habitants, tandis qu'en Angleterre et dans le pays de Galles il est respectivement de 1.218 et de 1.107.

Il est très élevé en Norvège : 1.994 et 1.898 ; en Suisse, 1.980 et 1.890.

Il est un peu inférieur pour la France entière (1906-1910) 1.831.

Duclaux disait :

> Il n'est pas facile à un laïque de discuter avec un médecin, mais si pourtant on vient me dire : « La statistique nous apprend que les alcooliques sont très nombreux parmi ceux qui succombent à des morsures rabiques ; comme ils ne sont pas alcooliques depuis qu'ils ont été mordus, l'alcoolisme dispose à la rage », mon droit reparaît.
>
> « Je dois avouer que je n'attribue ce raisonnement à aucun médecin, mais tous n'en font-ils pas un pareil avec la tuberculose ? Qu'est-ce, sauf parler à l'imagination pour l'effaroucher, que de dire : « L'alcoolisme et la tuberculose s'accompagnent et vont de pair » quand on voit que tous les cas d'alcoolisme du monde ne pourraient donner un bacille tuberculeux, et qu'il n'y a aucun rapport entre les maladies ».

Je recommande à l'attention de tous les considérations suivantes de M. G. Schelle.

Il y a quelques années, M. le Dr Jacques Bertillon a fait une comparaison de la géographie de la consom-

1. *Dénombrement*. V. *op. cit*. T. 2, p. 156-157.

2. *Journal des Économistes*, 15 novembre 1916, *A propos de l'alcoolisme*.

mation de l'eau-de-vie en France et de celle de la phtisie pulmonaire, en prenant les chiffres de l'année 1906; il conclut d'une ressemblance entre ces deux cartes à une relation certaine entre la consommation de l'alcool et la phtisie.

« La carte de France, relative à la phtisie, ressemble exactement, a-t-il dit, à celle de l'alcool. Beaucoup de phtisies « dans les départements du Nord, beaucoup aussi dans ceux « de l'Est, bien moins dans le Centre et dans le Midi, telle « est la règle générale. Tous les départements au nord de « Paris (excepté l'Eure, dont les chiffres nous surprennent) « ont à la fois une forte consommation d'eau-de-vie et une « grande fréquence de la phtisie. Plusieurs départements de « Champagne n'ont pas tout à fait autant de phtisiques que « leur consommation de l'alcool le laissait attendre. Dans « l'Est, la Lorraine et la Franche-Comté présentent une assez « forte consommation de l'alcool et une grande fréquence de « la phtisie. L'Ain et les deux Savoies ont beaucoup de phtisiques, quoique consommant assez peu d'alcool. L'Isère et « les Basses-Alpes ont une consommation d'alcool assez peu « élevée : la phtisie y est fréquente.

« D'autres statistiques montrent encore l'énorme influence de l'alcoolisme sur la fréquence de la phtisie.

« Elle apparaît notamment lorsqu'on compare la mortalité par phtisie chez les cabaretiers et chez les autres boutiquiers. »

Une statistique dressée en Angleterre donnait, en effet, pour les cabaretiers, des chiffres doubles de ceux obtenus pour les autres boutiquiers.

M. Bertillon estimait, en somme, que si « la phtisie peut avoir d'autres causes assurément que l'alcoolisme, l'alcoolisme est une cause très importante et plus importante peut-être qu'on ne l'aurait cru ».

« Je me rappelle, dit M. Schelle, avoir insisté à la Société de statistique sur le fait que les cartes présentées se ressemblaient sans être identiques, ainsi d'ailleurs que M. Bertillon le reconnaissait. Ils me paraissait imprudent de conclure de ce qui pouvait n'être qu'une coïncidence à une relation scientifique. »

Or, le 19 juin 1916, M. le professeur Chauveau a communiqué à l'Académie des sciences, un travail dans lequel il a posé les principes ci-après :

« 1. *L'alcoolisme est sans influence sur l'éclosion de la « tuberculose.*

« 2. En effet, les cas constatés chez le personnel des « débits de vin se rencontrent sur les sujets qui ont « voulu et su se prémunir contre tout empoisonne- « ment alcoolique, aussi bien que sur ceux qui ont été « profondément débilités par l'alcoolisation.

« 3. Mais la tuberculose implantée sur ces derniers « sujets s'y montre particulièrement grave en raison « de leur état de moindre résistance à l'action destruc- « tive du virus tuberculeux.

« 4. La tuberculose qui sévit sur les exploitants des « débits est due à l'action des germes dont sont infec- « tés tous ces débits, les plus riches comme les plus « humbles, germes semés en grande quantité par les « clients tuberculeux qui y foisonnent et créent dans « ces salons du pauvre une déplorable insalubrité.

« 5. En prouvant que l'infection tuberculeuse est « indépendante de l'alcoolisation, ces faits établissent « l'indépendance réciproque des deux luttes anti-al- « coolique et anti-tuberculeuse. Cette indépendance est « absolue ; aussi, les plus beaux succès de la lutte « anti-alcoolique ne sauraient-ils contribuer, en quoi « que ce soit, à l'extinction de la tuberculose ».

« Plus récemment encore, au mois d'août dernier, M. le professeur Letulle, de l'Académie de médecine, énergique combattant de la tuberculose, a pris la parole dans une réunion organisée par l'Union syndicale des débitants de Paris et s'est rangé à l'opinion de son confrère, M. Chauveau. Il a insisté sur les dangers de la contagion causés dans les établissements de boisson par les clients qui crachent à terre ; il a donné d'excellents conseils d'hygiène aux cabaretiers.

Le professeur Hayem a écrit : « La tuberculose se prend sur le zinc ».

Les faits prouvent que si la phrase du professeur Hayem est pittoresque, elle n'a rien de scientifique.

CHAPITRE VI

LA LONGÉVITÉ

Les tables de survie et de mortalité ne prouvent pas que ce sont les peuples sobres qui ont la plus grande longévité.

Parmi les causes de décès, je trouve dans le résumé fait dans *La Statistique internationale des mouvements de la population*[1] (1913) les indications suivantes relatives aux décès provenant de l'alcoolisme. Ils sont en chiffres absolus, ne donnent pas de proportion relativement à la population : mais la rubrique « alcoolisme » n'a pas dans les divers pays la même signification. Les chiffres ci-dessous ne doivent être acceptés que sous bénéfice d'inventaire.

	1901	1905	1910
	—	—	—
Angleterre et Pays de Galles. nº 53. Alcoolisme-*delirium-tremens*.	3.131	2.211	1.490
Écosse. Alcool.-*delir.-tremens*.	308	264	138
Irlande — — .	160	190	122
Belgique. Alcoolisme aigu ou chronique.	»	451	443
Suisse. Alcoolisme chronique.	242	255	182
Prusse. Alcoolisme (?)	715	1.008	825
Bavière. —	117	122	78
Suède. —	151	194	151

1. T. II. *Causes de décès*, p. 215 et suiv.

	1901	1905	1910
	—	—	—
Espagne. —	375	345	»
Connecticut. —	86	72	85
Massachusetts. Alcoolisme. .	129	184	224
Maine. — . .		20	29

Sauf dans le Massachusetts et le Maine, partout on constate une diminution de ces causes de décès.

Pour la France (p. 251) on a réuni le n° 26 (alcoolisme aigu ou chronique) et le n° 37 (autres maladies). C'est vague.

Un anti-alcoolomane ne peut contester ces chiffres : mais je l'entends disant : — Oui, mais est-ce qu'on vit aussi longtemps dans les départements consommateurs d'alcool que dans les autres ?

Si je prends les résultats du recensement de 1906 pour la distribution de la population présente totale par grandes catégories d'âge, je trouve [1] :

NOMBRE DE PERSONNES DE CHAQUE AGE POUR 10.000 HABITANTS

	Sexe masculin.		
	Moins de 20 ans.	20 à 59 ans.	60 ans et plus.
	—	—	—
Ensemble de la France. .	3.488	5.330	1.182
Seine-Inférieure.	3.949	5.138	913
Oise	3.456	5.289	1.255
Pas-de-Calais.	4.389	4.771	840
Nord.	3.951	5.141	908

	Sexe féminin.		
	Moins de 20 ans.	20 à 59 ans.	60 ans et plus.
	—	—	—
Ensemble de la France. .	3.362	5.306	1.332
Seine-Inférieure.	3.679	5.113	1.208
Oise	3.372	5.144	1.021
Pas-de-Calais.	4.295	4.683	1.022
Nord.	3.835	5.144	1.021

1. *Résultats statistiques du recensement de* 1906, t. Ier, 2e partie.

Ces départements, sauf l'Oise, sont au-dessous de la moyenne : mais le département qui est considéré comme un des plus grands consommateurs d'alcool, le Calvados, donne les chiffres suivants :

		Sexe masculin.	
Calvados.	3.468	5.278	1.254
		Sexe féminin.	
Calvados.	3.497	5.206	1.597

Le Calvados est ainsi au-dessus de la moyenne pour les vieillards au-dessus de soixante ans.

Il en est de même pour la Côte-d'Or, pays de bouilleurs de cru, où le cultivateur boit son verre d'eau-de-vie de marc en mangeant un morceau de pain, avant d'aller au travail :

		Sexe masculin.	
Côte-d'Or.	3.143	5.284	1.573
		Sexe féminin.	
Côte-d'Or.	3.020	5.208	1.772

On trouve la même vitalité dans d'autres départements producteurs d'eaux-de-vie :

		Sexe masculin.	
Charente.	3.244	5.286	1.470
Charente-Inférieure. . . .	3.106	5.325	1.569
Gers	2.637	5.568	1.795
Yonne.	3.159	5.054	1.787
		Sexe féminin.	
Charente.	3.117	5.362	1.491
Charente-Inférieure. . .	3.040	5.346	1.614
Gers.	2.629	5.559	1.812
Yonne	3.020	5.034	1.946

Un tableau[1] donne l'âge moyen approximatif de la

1. *Résultats statistiques du recensement de* 1911, t. I, 2e partie, p. 43.

population (en années et mois) par département en 1911, 1901, 1891. Cet âge est tout particulièrement élevé dans un département comme le Lot-et-Garonne où la natalité est très faible : 36,1 pour les hommes et 36,11 pour les femmes ; dans le Gers, il s'est élevé pour les hommes de 35,11 à 36,10 et à 37,2, pour les femmes de 36,3 à 36,11 et à 37,70.

Dans le Nord prolifique, il n'est que de 28,10, 28,9 et 29,8 pour les hommes ; il a passé de 29,2 à 30,5 pour les femmes ; on voit qu'au lieu de diminuer, il a augmenté de près d'une année.

La moyenne de la France est constante ; la moyenne de 31,10 en 1891 a fléchi en 1901 à 31,9 et est remontée en 1911, à 31.10 pour les hommes ; elle s'est élevée de 32,4 à 32,7 et à 33 pour les femmes.

La répartition de la population suivant l'âge dans divers pays donne comme proportion pour 1.000 habitants de soixante ans et plus, d'après les derniers recensements[1].

	Sexe masculin.	Sexe féminin.
	—	—
Royaume-Uni	38	47
Danemark	44	54
Norvège	50	61
Suède	53	66
Russie d'Europe	33	37
Autriche	38	44
Hongrie	40	42
Suisse	39	49
Empire allemand	35	44
Pays-Bas	42	47
Belgique	43	51
États-Unis	35	33

1. *Résultats statistiques du recensement général de la population de* 1911, t. I, 2e partie, p. 82-83.

	Sexe masculin.	Sexe féminin.
	—	—
Canada	74	67
France	57	69
Italie	50	52
Portugal	42	54
Espagne	42	47
Indes britanniques	23	26

Plus la population jeune est nombreuse et plus ces chiffres sont abaissés. C'est le principal motif de la faible longévité de la Russie. Une faible natalité multiplie les Gérontes. Je constate simplement qu'il n'est pas possible de tirer de ces chiffres un argument pour ou contre la consommation de l'alcool au point de vue de la longévité.

Les rapports du *Registar-general* contiennent des cas de mort attribués à l'alcoolisme et à la cirrhose du foie par million de personnes (Angleterre et Pays de Galles).

	Alcoolisme		Cirrhose	
	hommes.	femmes.	hommes.	femmes.
	—	—	—	—
1889	72	39	110	103
1894	76	47	136	96
1899	113	69	167	119
1904	85	55	135	101
1908	65	45	120	88

Nous avons vu que le diagnostic de l'alcoolisme n'est pas fait de la même manière par tous les médecins. Les variations ne prouvent pas grand chose. Il y a des gens dont les excès de boisson ont pu altérer la santé et dont la mort cependant ne peut être attribuée à l'alcoolisme.

M. Caillaux, dans son exposé des motifs du projet

de loi de finances de 1909, non seulement en parle, mais il parle aussi des « races » de la Belgique, de la Suisse et de l'Angleterre.

Comment juger l'hygiène d'un peuple ? N'est-ce pas par sa longévité ? Que nous disent ces chiffres concernant les personnes de soixante ans et plus. Ils nous donnent pour le sexe masculin, 57 en France, le pays le plus alcoolisé du monde, d'après la *Ligue nationale contre l'alcoolisme*, tandis qu'ils tombent à 42 pour l'Espagne, pays sobre et à 22 pour l'Inde, pays encore plus sobre.

Les recensements ne prouvent donc pas que ce sont les peuples sobres qui ont la plus grande longévité.

LIVRE V

LÉGISLATIONS ANTI-ALCOOLIQUES ET LEURS RÉSULTATS

CHAPITRE PREMIER

L'IVRESSE PUBLIQUE ET LA LÉGISLATION EN FRANCE

Jusqu'en 1873, il n'y avait pas eu de loi sur l'ivresse publique. Si un ivrogne était ramassé dans la rue, il cuvait son vin au poste. S'il faisait du désordre, les lois de simple police suffisaient. La France ne s'en portait pas plus mal.

Mais en 1873, un brave homme, plein de zèle philanthropique fit adopter par l'Assemblée Nationale la loi du 23 janvier 1873 « tendant à réprimer l'ivresse publique et à combattre les progrès de l'alcoolisme ».

Or, je lis dans des exposés de motif, et dans des rapports divers, faits depuis sur cette question, une phrase à peu près identique qui commence par l'apologie de M. Théophile Roussel et se termine de la manière suivante :

> Cette loi, aussitôt promulguée, tombait en désuétude, par suite de l'incurie à peu près générale des autorités chargées de veiller à son application.

Le compte de la justice criminelle pour 1907 contient ce paragraphe.

Il est impossible de juger des progrès de l'alcoolisme et de la fréquence même de l'ivresse par l'examen du chiffre des poursuites exercées en vertu de la loi du 23 janvier 1873. Rien ne serait même plus dangereux que de se baser sur les résultats de son application pour se faire une opinion exacte à cet égard. D'une manière générale, la répression de l'ivresse est subordonnée à l'activité, plus ou moins grande, des agents verbalisateurs. Les chiffres suivants le prouvent. La hausse de 1907 a été évidemment provoquée, non par une recrudescence subite du mal, mais par un redoublement de zèle demandé aux gendarmes et aux agents de police judiciaire.

Le tableau suivant indique les phases de la répression.

	Contraventions.			
	jugées par les tribunaux de simple police.	connexes à des délits et jugées par les tribunaux correctionnels.	Délits d'ivresse 2e récidive.	Total.
1873 . . .	52.613	5.754	980	59.347
1874 . . .	73.779	8.606	4.033	86.418
1875 . . .	81.486	11.473	5.523	98.482
1876-80. .	61.718	9.513	3.795	75.026
1881-85. .	54.286	9.551	3.318	67.155
1886-90. .	47.410	9.068	2.942	59.420
1891-95. .	48.730	10.669	2.755	62.154
1896-1900.	47.327	8.483	3.169	58.979
1901-05. .	46.739	7.333	2.262	56.334
1906 . . .	43.152	6.913	1.960	52.025
1907 . . .	62.965	10.065	2.197	75.227

Le compte rendu continuait.

Ainsi la loi a trouvé de moins en moins son application. Or cet affaiblissement progressif de la répression a coïncidé avec l'élévation régulière du taux de la consommation de l'alcool qui, d'après les statistiques officielles de 2lit90 qu'il était par tête d'habitant, en 1873, est monté à 3lit89 en 1905, après avoir même atteint le chiffre de 4lit70 en 1898.

Ainsi pour le ministère de la Justice, il n'y a pas de doute : la consommation de l'alcool dépend de la sévérité avec laquelle est appliquée la loi sur l'ivresse.

Or, jamais la répression n'a été aussi sévère qu'en 1874 et en 1875 et voici les résultats de cette loi « tendant à combattre les progrès de l'alcoolisme ».

CONSOMMATION DE L'ALCOOL PAR TÊTE

Avant la loi.		Après la loi.	
1872	2,09	1873	2,59
		1874	2,69
		1875	2,82

Post hoc ergo propter hoc. Après, donc parce que. La loi Roussel a augmenté la consommation de l'alcool. Si le contraire s'était produit, le rédacteur du rapport du ministère de la Justice aurait vanté les résultats heureux de la loi de 1873. Il n'a eu garde d'en parler.

Mais il a lui-même prouvé que la consommation de l'alcool ne dépendait pas du nombre des condamnations pour ivresse ; en 1898, la consommation a atteint le chiffre de 4,70. Ensuite elle a baissé et le nombre des condamnations pour ivresse a également baissé. Elle n'était plus en 1906 que de 3[lit],56, la veille de l'année où les agents de police poussés à faire du zèle ont augmenté le chiffre des condamnations de 23.000.

La loi sur l'ivresse publique n'a jamais été appliquée que dans les milieux où les ivrognes sont rares ou bien où il y a une police fortement organisée. Or, il y a 36.000 communes en France, dont 18.000 au-dessous de 600 habitants.

Comment serait-elle appliquée dans des communes où certains jours de foire ou de fête, sans compter les jours de vote, tout le monde est plus ou moins « parti », y compris le maire et le garde champêtre, s'il y en a un ?

Ceux qui sont poursuivis ont le droit de se considérer comme des victimes du maire.

Cependant la Chambre des députés a voté les 29 juillet et 16 septembre 1915, et le 6 juin 1916, un projet de loi sur la répression de l'ivresse publique et sur la police des débits de boissons, et le Sénat l'a adopté à son tour, avec quelques modifications.

Cette loi contient des aggravations de pénalité. La récidive comporte la police correctionnelle et de six jours à deux mois de prison avec des amendes de 16 à 600 francs. De plus, le récidiviste pourra être privé des droits de vote et d'élection et d'éligibilité, et être déchu de la puissance paternelle.

Les articles 4 à 11 visent les cafetiers, cabaretiers, débitants de boissons : amendes, prison, fermeture d'abord pendant un mois de l'établissement, puis fermeture définitive.

Il est interdit de vendre à crédit, même des spiritueux à emporter, et il est interdit d'en vendre, même au comptant et à emporter, à des mineurs de moins de dix-huit ans.

L'article 10 vise « les établissements qui reçoivent habituellement des femmes de débauche ». Il demanderait beaucoup de définitions. Son texte impliquerait la fermeture de plusieurs établissements des boulevards de Paris. Est-ce qu'il leur sera jamais appliqué ? Il sera appliqué, selon les caprices de la police, à de petits établissements. Les pénalités sont un emprisonnement de six jours à six mois et une amende de 50 à

500 francs, la déchéance des droits politiques pendant cinq ans et la fermeture définitive des établissements.

Parmi les sénateurs et les députés qui ont voté ces textes, combien y en a-t-il qui n'ont pas fait de restrictions mentales sur l'inutilité des uns et sur le danger des autres ? Mais ils n'ont pas osé dire tout haut ce qu'ils pensaient tout bas. Ils ont eu peur de passer pour les amis « des empoisonneurs du peuple ».

Ils n'échappent pas à cette accusation.

Le rapporteur de la loi à la Chambre des députés, M. Delaroue, voulait faire adopter sans discussion, le texte voté par le Sénat ; mais le *Journal officiel* du 25 janvier, a publié la note suivante :

Opposition à l'inscription sans débats du projet de loi adopté par la Chambre des députés, adopté avec modifications par le Sénat, sur la répression de l'ivresse publique et sur la police des débits de boissons, formulée par MM. Lefas et Barthe.

Les députés soussignés font opposition à ce que le rapport de M. Delaroue sur le projet concernant l'ivresse publique soit voté sans débats, en raison de ce que la privation des droits électoraux, repoussée formellement par la Chambre, a été réintroduite dans ce texte, ce qui est une prime à l'arbitraire politique et un obstacle à l'application de la loi.

Sur ce, grande indignation des anti-alcooliques, comme si cette loi, qui ne sera pas mieux appliquée que la loi de 1873, pouvait avoir quelque influence sur l'alcoolisme.

Les auteurs de l'amendement ne veulent pas que la pénalité pour ivresse publique puisse entraîner la déchéance des droits de vote et d'élection ; mais ils voudraient qu'on pût commuer la peine de l'emprisonnement « en une détention de un à trois mois, en vue d'un traitement médical, dans un établissement approprié ».

Si les auteurs de cette législation étaient susceptibles de prêter attention à des observations, je leur recommanderais de lire la déposition, faite par M. Libby, ancien président de l'État du Maine, qu'ils trouveront ci-dessous au chapitre : *La Prohibition aux États-Unis*[1].

1. Voir *Infrà*, liv. V, chap. IX, p. 186.

CHAPITRE II

LE NOMBRE DES DÉBITS ET LA CONSOMMATION DE L'ALCOOL EN FRANCE

Un décret du 29 décembre 1851, rendu trois semaines après le coup d'État, soumettait l'ouverture des cabarets et cafés à l'autorisation préfectorale. La date suffit pour en indiquer l'objet. La loi du 17 juillet 1880 a aboli ce décret : et les anti-alcoolomanes ont déclaré que de cette abolition venait le progrès de la consommation de l'alcool. Joseph Reinach a fait en 1910 une proposition de loi, précédée d'un exposé des motifs rempli de documents pour essayer de confirmer cette affirmation banale [1] :

« La consommation des boissons alcooliques est en raison du nombre des débits de boisson. »

De là cette conclusion :

La limitation des débits et la réglementation des débits de boisson étaient le salut.

Il n'a oublié qu'une chose : établir le rapport de la consommation de l'alcool et le nombre des débits.

En France, il y avait en 1872, 179.000 débits de boisson : en 1879, 354.000, le nombre des débits de boisson, sous le régime de l'autorisation avait donc augmenté

1. Il a publié sa proposition en un vol. in-18 (Fasquelle, éd.).

de 18 p. 100 en six ans, soit de 3 p. 100 par an. En 1913, il y en avait 483.000. Le nombre avait augmenté de 120.000, ou de 36 p. 100, soit de 1,13 p. 100 par an.

Mais il y a des déductions à faire dans cette progression. Quand on étudie les statistiques, il faut toujours examiner par qui et comment elles ont été faites. C'est ici le cas. Jusqu'en 1892 le nombre des débits de boisson était fixé par le service des poids et mesures : à partir de cette date, il a été établi par les contributions indirectes. En 1891, on comptait 409.500 débits de boisson ; en 1892, ce chiffre est porté à 417.868.

Après 1901, le recensement comprend les établissements de Paris, au nombre de 30.481, qui jusqu'alors n'étaient pas assujettis à la licence. Le chiffre des débits passe tout d'un coup de 435.379 à 467.419.

En même temps la consommation de l'alcool diminue :

	hectolitres.	Par tête d'habit. litres.
	—	—
1898.	1.799.663	4,70
1899.	1.754.868	4,59
1900.	1.782.891	4,66
1901.	1.316.635	3,42
1902.	1.258.949	3,26

A première vue l'augmentation du nombre des débits aurait eu pour résultat de diminuer la consommation de l'alcool : et si je me servais du procédé *post hoc ergo propter hoc*, comme je piétinerais la thèse de Reinach !

Mais si je prends, l'ensemble de la période 1872-1913, voici les chiffres que je constate :

	Quantités imposées au droit de consommation hect. d'alcool pur.	Quotité moyenne par habitant litres.
	—	—
1872	755.400	2,31
1879	1.461.600	3,22

Cette augmentation a eu lieu sous le régime du décret de 1851. Il est abrogé.

La consommation de l'alcool a été :

	hectolitres.	Quotité par habitant.
	—	—
1879	1.461.600	3,22
1881	1.414.000	3,91
1913	1.558.200	3,96

L'augmentation de la consommation de l'alcool par tête est de 4 p. 100 de 1879 à 1913 ; elle a fléchi de 1881 à 1913.

La consommation de l'alcool n'est donc pas en rapport avec le nombre des débits : par conséquent, les anti-alcooliques commettent une erreur de méthode et font une œuvre vaine en voulant la diminuer par la diminution du nombre des débits.

1. V. *Bulletin du ministère des Finances*, novembre 1916, p. 699 et voir *supra*, liv. II, ch. I.

CHAPITRE III

COMPARAISON ENTRE LA HOLLANDE ET LA BELGIQUE

Les expériences des pays étrangers confirment cette conclusion.

En 1897, M. Lejeune, alors ministre de la justice en Belgique a montré dans un discours à la Société des prisons le peu d'efficacité de la limitation du nombre des cabarets sur la consommation de l'alcool ; et M. Lejeune n'était pas suspect : car c'était un fanatique de la répression de la consommation de l'alcool.

En 1882, la Hollande avait 42.950 cabarets ; elle n'en avait plus en 1895 que 24.000 ; elle avait majoré deux fois son tarif de l'alcool. La consommation de l'alcool était chez elle, en 1882, de 9 lit. 75 à 50 degrés ; sa consommation accusait, en 1895, une consommation de 8 lit. 96.

Mais on sait, ajoute M. Lejeune, que la majoration de l'impôt sur l'alcool, en majorant la prime à la fraude, amène toujours un redoublement de production clandestine. A ne prendre que les chiffres officiels, on constate donc une diminution de la consommation de l'alcool ; mais la diminution est presque insensible, à côté de cette énorme réduction du nombre des cabarets ; de 43,950 à 24,000 en moins de treize

La Hollande n'a plus que 24.000 cabarets, un par 150 habitants. La Belgique en a 195.000 : un par 35 habitants. La Belgique absorbe annuellement 9 litres d'alcool à 50 degrés et la Hollande 8lit96, soit 4 centilitres de différence en moins dans la consommation de l'alcool, avec quatre fois moins de cabarets et la progression de la consommation qui a repris son allure régulière depuis 1888, en Hollande, est la même qu'en Belgique.

CHAPITRE IV

ROYAUME-UNI. INFLUENCE NÉGATIVE DU NOMBRE DES LICENCES

Dans le Royaume-Uni, chaque année, le détenteur d'une licence doit en demander le renouvellement. Le gouvernement a le droit de le refuser pour divers motifs.

Les *Licensing statistics* pour 1913, concernant la vente des « liqueurs toxiques », en Angleterre et dans le Pays de Galles donnent des chiffres que je recommande à l'attention de tous ceux qui veulent se rendre compte des faits.

Sous la pression des *teetotalers*, le gouvernement britannique s'acharne à réduire le nombre des licences, c'est-à-dire des débits [1], en voici les chiffres :

	Nombre de licences.	Par 10.000 têtes.
	—	—
1903	103.311	33,94
1900	102.189	31,69
1er Juin 1905	99.478	29,27
1910	92.484	23,84
1912	89.849	24,59
1913	88.759	24,04

Le nombre absolu des licences a diminué de 14,0

1. Cd 7.529.
2. V. liv. III, ch.

p. 100 et par 10.000 têtes de 29,4 p. 100. Un certain nombre de clubs ont été enregistrés.

1905	6.371	1,89
1913	8.454	2,29

Leur nombre ne compense pas celui des débits fermés.

Une licence représente un capital. Des sociétés puissantes se sont fondées pour exploiter les monopoles. Elles ont construit des établissements, rutilants de lumière, dont le confort attire les buveurs. D'un autre côté, comme dans leur sagesse, les adversaires des cabarets ont proscrit tout moyen de distraction, toute espèce de jeux, les gens qui s'y installent restent debout, au lieu de s'asseoir et de se grouper pour causer comme dans les cabarets et les cafés français. Ils n'ont qu'une seule distraction, c'est de boire, et ils boivent. Le bar pousse à la consommation.

Voici le chiffre des condamnations pour ivrognerie de 1905 à 1913 [1].

1905.	208.171	1910.	161.992
1906.	199.014	1911.	172.130
1907.	197.064	1912.	182.592
1908.	187.803	1913.	188.877
1909.	169.518		

Le document officiel cherche les causes de ces variations. Il attribue à la crise la diminution en 1907, en 1908, en 1909 et 1910; les habitudes contractées pendant cette période continuent; mais leur effet aurait cessé en 1911, 1912 et 1913. Il ajoute que cela vient,

1. *Licensing st... tics*, 1913, p. 8.

peut-être, non pas de ce que le nombre des ivrognes a augmenté mais de ce que la police a eu plus d'énergie.

En tous cas, la diminution du nombre des condamnations a été de 1905 à 1913 de 8,8 p. 100.

Cette diminution est donc de près de moitié moins importante que la diminution du nombre des débits : il est d'autant plus probable qu'elle n'y est pas corrélative, que le nombre des condamnations pour ivresse n'a aucun rapport avec le nombre des licences.

La publication officielle des *Licensing statistics* pour l'Angleterre et le pays de Galles donne le tableau suivant pour 1905 :

Débits par 10.000 hab.	Condamnation par 10.000 hab.
Moins de 20	71,05
De 20 à 30	55,89
De 30 à 40	62,4
De 40 à 50	36,6
Au-dessus de 60	35,27

Dans les campagnes :

Moins de 30	57,39
De 30 à 40	36,74
De 40 à 50	40,0
Au-dessus de 50	33,2

Il résulte de ces chiffres que les cas d'ivrognerie sont beaucoup plus fréquents dans les villes et districts où il y a peu de débits que dans ceux où il y en a un plus grand nombre.

En 1913, je trouve les mêmes différences.

	Nombre de licences.	Condamnation par 10.000 hab.
County boroughs	19,06	74,76
Counties	27,84	33,11

Voici pour 1907 les *six counties* (sans les boroughs, villes) qui comptaient le plus grand nombre et le moins grand nombre de débits.

Counties.	Nombre de débits par 10.000 hab.	Condamnations par 10.000 hab.
Huntingdon	91,51	20,60
Cambridge	74,04	11,18
Oxford	63,68	9,56
Brecon	63,28	54,34
Rutland	61,79	14,14
Buckingham	59,72	15,76
Moyenne	69,00	20,93
Middlesex	11,84	33,32
Northumberland	19,09	133,12
Essex	19,13	16,95
Glamorgan	20,56	75,34
Lancaster	21,43	38,45
Durham	21,67	80,49
Moyenne	18,95	62,94

Le nombre des cas d'ivresse est d'autant plus grand que le nombre de débits est moindre. La réduction des licences, loin de supprimer les ivrognes, semble en augmenter le nombre.

La profession a une grande influence sur les cas d'ivrognerie. Ils sont les plus fréquents dans les ports de mer, mais les étrangers y contribuent; puis viennent tous les districts miniers, le Nothumberland, le Durham, le Glamorgan.

Voici le classement des divers groupes en 1894 :

	Condamnations pour ivrognerie par 10.000 habit.
Ports de mer	126,07
Districts miniers	113,67
Métropole (Londres)	63,74

	Condamnations pour ivrognerie par 10.000 habit.
	—
Villes manufacturières	47,00
Villes de plaisir	28,93
(1) Home Counties (comprenant 9 counties, Berckshire, Buckinghamshire, Essex, Hampshire, Hertfordshire, Kent, Middlesex, Surrey and Sussex)	24,50
(2) Sud-ouest	20,94
(3) Est	10,99

Les cas d'ivrognerie ont diminué en Irlande et augmenté en Ecosse.

	Écosse.	Irlande.
	—	—
1890	36.293	100.202
1900	43.943	97.457
1906	55.408	77.262
1907	58.900	76.860
1908	55.104	»

Mais l'Irlande représente encore le plus haut chiffre proportionnel. En 1907 par 10.000 habitants, Angleterre 59,8; Pays de Galles 65,2; Ecosse 123,3; Irlande 175,6.

D'après l'enquête de 1834, concernant l'Angleterre et le Pays de Galles, les femmes représentaient à peu près la moitié des ivrognes ramassés dans la rue; en 1870, leur proportion était tombée à 25,9 p. 100; en 1909 à moins de 20 p. 100.

La diminution des cas d'ivrognerie des femmes aussi bien que des hommes n'a pas de rapport avec la diminution du nombre des licences.

Aucun rapport, dit M. A. Shadwell, ne peut être établi entre le nombre des débits et celui des cas d'ivrognerie : il y a moins de débits en Ecosse qu'en Angleterre et dans le pays de Galles, il y en a plus en Irlande.

1. *Temperance. Encyclopædia*, xie édit., t. XXVI, p. 585.

La diminution des licences a été régulière, tandis que la consommation de la bière et du whisky a varié avec l'activité économique.

M. Shadwell en conclut qu'il ne faut pas attribuer cette diminution à la fermeture des débits de b issons, dit :

« Le changement de conduite vient de l'éducation, des récréations qui ont revêtu beaucoup de formes, sports, bicyclette, théâtres, bibliothèques publiques, de l'abaissement des barrières entre les classes, du désir des ouvriers d'adopter le type de conduite supérieure des bourgeois et des lords qui depuis longtemps ont abandonné les vieilles habitudes d'ivrognerie dont on s'amusait au XVIIIe siècle. »

Voici un exemple des résultats auxquels on arrive quand la loi peut régler la conduite privée des gens, déterminer où et quand il leur est permis de faire telle ou telle chose. J'emprunte le fait suivant au profond et original ouvrage de M. Jame Cormichall Spence : *The Conscience of the King* (p. 22).

M. et Mme W..., M. et Mme C..., sont poursuivis pour avoir pris, un dimanche l'après-midi, un rafraîchissement dans une auberge; la résidence de M. et Mme W..., était à une distance de trois milles (4.831 mètres) moins 164 yards (le yard = $0^m,92$) de l'auberge; celle de M. et Mme C..., était un peu au delà de trois milles; ces derniers sont acquittés et les premiers condamnés.

Cependant en Angleterre, la fermeture des débits n'est pas complète le dimanche, tandis qu'elle l'est dans le Pays de Galles depuis 1881, en Ecosse depuis 1854, et en Irlande depuis 1878, sauf pour les villes de Dublin, Belfast, Cork, Limerick et Waterford[1].

Dans le Pays de Galles, pendant les cinq années précédant l'application de l'acte de fermeture du dimanche (*Welsh sunday closing act*), le nombre des condamnations pour ivrognerie était en moyenne de 626, soit de 0,46 pour 1.000 : pendant les cinq années suivantes (1884-1888) il s'éleva à 905, soit à 0,62 pour 1000.

Si on compare le nombre des condamnations pour ivrognerie par 100.000 habitants dans les quatre sections du Royaume-Uni, on trouve que l'avantage reste à l'Angleterre où le *Sunday closing day* n'est pas en vigueur.

	1906	1913	1914
	—	—	—
Angleterre.	609	551	552
Galles.	657	572	505
Ecosse	1.170	1.063	1.075
Irlande	1.783	1.358	1.249

Conclusion : *Les résultats répressifs sont négatifs; les influences morales sont le seul facteur positif.*

1. Voir les tables ap., *Almanack of brewers*, 1917, p. 172-177.

CHAPITRE V

AUX ÉTATS-UNIS, EN RAISON INVERSE

Aux Etats-Unis on ne compte pas les condamnations pour ivrognerie, on compte les arrestations, soit pour ivrognerie, soit pour désordre. Il en résulte forcément que le nombre est beaucoup plus élevé que dans le Royaume-Uni où on ne compte que les jugements.

Le rapport publié en 1910 vise 158 villes ayant plus de 30.000 habitants en 1907.

Les villes sont divisées en trois groupes suivant leur population :

	Nombre d'arrestations pour ivrognerie par 10.000 habitants.
Au-dessus de 100.000 habitants . . .	191,0
De 100.000 à 300.000 — . . .	193,6
De 50.000 à 100.000 — . . .	245,8
De 30.000 à 50.000 — . . .	244,8
Moyenne	205,1

Le nombre est donc beaucoup plus élevé dans les villes au-dessous de 100.000 habitants que dans les villes ayant une population supérieure.

Les villes qui comprennent le plus grand nombre de cas d'arrestations pour ivrognerie et pour conduite désordonnée sont celles qui ont le moins de débits, Philadelphie, Boston, Pittsburg, Washington ; et quelles sont celles qui comprennent le moins de cas d'arrestations pour les deux motifs ci-dessus? celles qui ont le plus grand nombre de débits, Détroit, Cincinnati, Milwaukee. Il n'y a d'exception que pour la Nouvelle-Orléans qui est un port de mer et contient une large population de couleur. Philadelphie, Pittsburg, sont de grands centres manufacturiers comprenant beaucoup d'ouvriers étrangers qui reçoivent des salaires plus élevés que dans leur pays d'origine.

	Nombre d'arrestations par 10.000 habitants		Nombre de débitants.
	ivrognerie.	désordres.	
Groupe 1 : de plus de 300.000 habitants. . .	191,0	108,8	30,3
Groupe 2 : de 100.000 à 300.000 habitants. . .	193,[illegible]	112,8	27,7
Groupe 3 : de 50.000 à 100.000 habitants. . .	245,8	78,7	28,4
Groupe 4 : de 30.000 à 50.000 habitants . . .	241,8	121,4	31,5
Moyenne.	205,1	106,8	29,6

Si on prend le groupe des grandes villes on trouve :

New-York	105,9	120,2	25,5
Chicago	169,1	5,3	34,2
Philadelphie	287,5	81,0	13,1
Saint-Louis.	106,3	173,7	33,5
Boston.	614,9	16,9	13,5
Baltimore.	75,1	302,5	41,3
Pittsbourg	331,4	236,9	15,3
Cleveland	353,2	34,9	40,4
Buffalo.	318,9	153,3	38,4
Détroit.	87,2	82,5	46,9
Cincinnati	82,4	66,4	44,8
Milwaukee.	100,5	53,1	70,4
New-Orléans	239,5	220,7	50,0
Washington	130,6	338,4	16,6

Boston n'a que 13,5 débits pour 10.000 habitants, et compte 614 arrestations pour ivrognerie, 631 si on y joint les arrestations pour désordre.

Mais voici des villes appartenant aux groupes 3 et 4 dans lesquelles il n'y a pas de débitants autorisés.

Groupe 3.	Arrestations pour ivresse et pour désordre par 10.000 habitants.
Cambridge (Massachusetts)	218,15
Kansas city (Kansas)	178,0
Jomervitu (Massachusetts)	130,5
Charleston (S. Caroline)	342,7
Portland (Maine)	605
Brockton (Massachusetts)	240,9
Groupe 4.	
Topeka (Kansas)	227,1
Malden (Massachusetts)	100,8
Salem —	329,0
Newton —	168,1
Wichita (Kansas)	392,7
Fitchburg (Massachusetts)	161,5
Everett —	99,6

Portland fait partie de l'Etat du Maine qui a donné l'exemple de la prohibition et où la prohibition est toujours maintenue : et elle est une des villes les plus alcoolisées des Etats-Unis.

La limite de l'Etat de Kansas où existe la prohibition et de l Etat de Missouri, ou elle n'existe pas, se trouve au milieu même de la ville de Kansas. Les habitants n'ont qu'une rue à traverser pour échapper à la prohibition.

CHAPITRE VI

UN « A PRIORI »

En tête de l'exposé des motifs d'une proposition de loi déposée au Sénat en 1899 pour la réduction des débits de boissons par MM. Jules Siegfried, Bérenger et treize de leurs collègues, se trouvait cette phrase posée comme un axiome.

> Tout esprit non prévenu admettra facilement que, plus l'on a occasion de boire, plus on boira.

Ces quinze honorables sénateurs ne s'étaient pas aperçus que cette sentence s'appliquait à toute personne ayant une cave, une provision de vin ou de spiritueux, et, par conséquent, à la plupart d'entre eux. Nul n'a autant d'occasions de boire que celui qui n'a qu'à allonger le bras pour prendre une bouteille et un verre. Cependant je suppose qu'aucun des signataires de cette proposition de loi n'abusait de la proximité de son buffet. S'ils avaient jugé les autres par eux-mêmes, ils n'auraient pas écrit cette phrase, ils auraient examiné les faits; et les faits les auraient conduits à une constatation opposée à leur *a priori*.

Le besoin qui se satisfait aisément se limite lui-même; et nul n'a contesté quand Edouard Laboulaye proclama à la tribune de l'Assemblée nationale cette vérité : « La possession éteint la passion. »

CHAPITRE VII

LE SYSTÈME DE GOTHENBOURG

Les anti-alcoolomanes disent alors : « Si ces diverses législations n'ont pas supprimé l'ivresse ni la consommation de l'alcool, c'est qu'ils ne sont pas assez radicaux. Il faut avoir recours au système de Gothenbourg fondé sur ce principe : la vente sans profit ! »

Et ils affirment qu'il a obtenu des résultats admirables.

I. — Je reproduis ici un article que j'ai publié dans *le Siècle* du 16 avril 1907. Il contient les détails essentiels du système Gothenbourg. J'indiquerai les projets de 1914, je ne sais s'ils ont été adoptés. Le rapport Tournan qui a été fait en collaboration avec la direction des contributions indirectes, n'en parle pas : et il s'en tient à la législation de 1865. Je puis donc considérer qu'elle est toujours en vigueur et que ses effets n'ont pas été modifiés.

En 1897[1] j'avais montré par des faits que l'admiration ne devait être reçue que sous bénéfice d'inventaire.

Je prends comme principal guide un petit livre de M. E. A. Pratt, intitulé *Licensing and Temperance* en Suède, Norvège et Danemark[2]. M. E. Pratt ne s'est

1. *Le Siècle*, 22, 26, 29 juin 1897.
2. 1907, John Murray, éditeur, Londres.

pas contenté des documents officiels qui, dans tous les pays du monde, ont toujours un caractère optimiste quand ils ont pour but de justifier une intervention. Il a. avec l'aide d'un interprete connaissant bien la population, visité les ouvriers et les quartiers pauvres. Il en est revenu avec une étude documentée qu'il a opposée aux deux partis qui, en Angleterre, sont d'accord pour préconiser l'adoption du système de Gothenbourg : 1° celui qu'on appelle du *Desinterested management*, l'administration désintéressée dans la vente des boissons alcooliques: 2° celui du socialisme municipal.

Le premier veut restreindre la consommation des boissons alcooliques; le second veut l'exploiter pour en tirer des ressources. D'accord pour confisquer ce commerce, ils ont des buts opposés, mais nous allons voir qu'en pratique ils savent se réunir.

II. — Gustave III, en 1774, voulant faire de la distillerie le monopole de la couronne, transforma le vénérable château de Kalmar en distillerie, changea en grenier la salle du trône et en couronna une des tours par un moulin à vent.

Ce système, qui avait pour objet de développer, non la tempérance, mais les recettes du trésor, provoqua un tel mécontentement et une telle contrebande que le roi fut obligé d'y renoncer et de laisser à chacun le droit de distiller et de vendre de l'alcool. En 1813, on fit une loi sur la tempérance qui resta sans effet; en 1837, une société de tempérance commença à s'agiter; en 1855, une loi établit des restrictions contre les bouilleurs de grains et de pommes de terre, donna aux districts ruraux et aux municipalités des villes le droit de fixer le nombre des licences et de les délivrer même à une seule compagnie.

En 1865, pour la ville et le district de Gothenbourg, le monopole de la vente en détail des alcools fut accordé à une compagnie qui devrait limiter ses profits à 5 p. 100 de son capital action, ne provoquerait pas à la consommation et dont les bénéfices seraient employés à des ouvrages d'utilité publique. La philanthropie et la fiscalité y devaient trouver leur compte.

III. La compagnie s'appelle le Bolag (prononcez à peu près Boulog) : elle a le monopole du « Bar trade », de la vente dans les bars et de l'alcool national qui porte le nom de brandevin, quoiqu'il ne contienne pas une goutte d'alcool provenant de la vigne. C'est habituellement un alcool de pommes de terre, bien rectifié et incolore. Il était vendu, à Gothenbourg 0 fr. 10 le verre de 5 centilitres 1/2, au titre de 40° d'alcool.

Au moment où le Bolag entra en exercice, on lui remit les soixante et une licences existantes; il en emploie quarante-quatre, dont treize pour des bars et quatre pour des restaurants sous sa direction. Les dix-sept autres sont concédées à des restaurants et à des hôtels qui sont obligés d'acheter le brandevin à la compagnie, mais non les vins et les bières. Le Bolag a trente-trois licences pour la vente au dehors; il administre sept magasins; il a cédé vingt-trois licences à des marchands de vins et de liqueurs spiritueuses, moyennant un payement de 250 £ (6.250 fr.) pour chacun.

Ces marchands de vins et d'eaux-de-vie ne doivent pas vendre de brandevin, mais ils vendent des boissons alcooliques de qualité supérieure et du vin.

Comme quelques-uns ont des loyers de 400 et 500 £ (10.000 et 12.500 francs), ils doivent faire de bonnes affaires.

On a affirmé à M. Pratt qu'un marchand de vins et d'eaux-de-vie avait acheté, dans une année, pour plus de 12.000 £ (300.000 francs) de brandevin afin de le transformer en « cognac suédois » que les marchands peuvent vendre, mais ces marchands ne bornent pas leur vente à Gothenbourg ils l'étendent sur une partie de la Suède.

En 1905, à Gothenbourg, 8 à 900 personnes vendaient de la bière, soit à consommer sur place, soit à emporter. En 1906, on exigea que chaque vendeur obtint une autorisation. Naturellement, ce fut la police qui détermina ceux qui devaient en recevoir et ceux auxquels cette profession était interdite. Le nombre des établissements vendant de la bière à emporter fut réduit à 440; le nombre des licences pour les établissements dans lesquels on consomme sur place ne fut pas changé, de sorte qu'il y en a actuellement 600 où on vend de la bière en dehors du contrôle du Bolag.

Il y a en plus, en Suède, 75 propriétaires de licences (5 dans les villes et 70 dans les campagnes) qui peuvent vendre du brandevin et qui détiennent environ 40 p. 100 du commerce des alcools en Suède. Cependant, sous la pression des Bolags, leur commerce sera réduit par une nouvelle loi qui sera appliquée au mois d'octobre prochain.

La vente du brandevin, dans les bars du Bolag, montait à 648.700 litres en 1905, mais celle par litres à emporter était de 1.198.700 litres, soit 550.000 en plus.

Dans les magasins de brandevin à emporter, chacun peut en acheter la quantité qu'il lui plaît, moyennant 1 krona 35 ore (1 fr. 85) par litre, quantité minimum vendue; dans une de ces boutiques, payant un loyer de 2.500 francs par an, la vente annuelle était de 500.000 francs. Les jours ordinaires, la vente était de 300 litres; le mercredi, elle montait à 600 litres, mais le samedi, elle atteignait 4.000 litres. Pour l'ensemble des magasins du Bolag, elle se montait, ce jour-là, à 21.000 litres, et les personnes qui ont renseigné M. A. Pratt l'ont assuré que la plus grande partie en était bue le jour même.

Les établissements du Bolag ont l'outillage nécessaire pour fournir à un aussi grand débit. Des gens font des commissions pour d'autres et achètent à la fois plusieurs bouteilles de brandevin.

Dans les bars où on consomme sur place, il est interdit de délivrer, de midi à deux heures, des boissons sans aliments. Mais le même consommateur peut manger un sandwich et obtenir plusieurs verres.

Le Bolag ouvre à neuf heures du matin, ferme à six heures, en hiver, et à sept heures en été.

M. Shadwell[1] dit qu'à Gothenbourg, de cinq à six heures du soir, les hommes entrent, s'approchent du comptoir, paient, reçoivent un verre contenant 5 centilitres d'alcool à 40 degrés, l'avalent, puis en demandent un second, le boivent : cette double opération leur permet d'absorber un peu plus de 4 degrés d'alcool en quinze secondes. S'ils vont dans les treize bars ils peuvent en obtenir 52 degrés.

1. Arthur Shadwell : *Drink, Temperance and legislation*, p. 217.

Les hommes peuvent même revenir à celui qu'ils viennent de quitter, car les servants sont trop occupés pour les reconnaître et invoquer la règle qui leur interdit de verser plus de deux verres de suite à un même client. Ils n'observent non plus que d'une manière fort relative la règle qui leur interdit de servir des gens ivres.

M. Shadwell dit qu'ils y font moins attention que les tenants de bars en Angleterre.

Les partisans du Bolag le félicitent beaucoup de ne pas utiliser toutes les licences qu'il possède. Mais il a de grands établissements dans le voisinage des docks et des marchés. Il a des débits placés sur deux rues avec une entrée sur chaque, de sorte qu'en réalité il les double.

Dans certains de ces débits sont deux salons : l'un pour les ouvriers, l'autre pour les bourgeois, dirait un socialiste. Les salons de la première catégorie sont fermés deux heures plus tôt que ceux de la seconde. Quelqu'un proposerait-il un semblable régime en France ou en Angleterre?

IV. — Mais la consommation du brandevin a diminué!

Voilà le grand argument. Seulement la consommation par tête du brandevin est plus élevée à Gothenbourg que dans le reste de la Suède, et, en dehors du brandevin, fourni par les établissements du Bolag, il y a des ventes d'autres espèces de boissons alcooliques, de sorte que les chiffres du Bolag n'en indiquent pas du tout la quantité réelle.

Voici quelques chiffres empruntés aux rapports annuels du Bolag depuis 1875 :

Population : 1875, 59.000 ; 1885, 84.450 ; 1895, 112.670 ; 1900, 125.800 ; 1905, 136.900.

VENTE DU BRANDEVIN — LITRES

	Sur place.	A emporter.	Total.
1875.	779.300	867.370	1.646.700
1885.	712.900	812.500	1.525.400
1895.	560.900	916.500	1.477.500
1900.	715.700	1.317.300	2.033.000
1905.	813.970	1.198.700	2.012.000

Ces tables montrent une diminution par tête du brandevin du Bolag ; une tendance à l'augmentation de la consommation des boissons à emporter, mais elles ne nous donnent pas la quantité des boissons alcooliques, y compris le cognac suédois consommé à Gothenbourg.

Si nous comparons le nombre des condamnations pour ivresse, nous trouvons qu'elles ont augmenté. Par mille habitants : 1865, 45 ; 1875, 42 ; 1885, 29 ; 1895, 31 ; 1900, 51 ; 1905, 52.

Je sais que le nombre des condamnations dépend moins de la quantité des ivrognes que de la manière dont la police comprend l'ivrognerie, mais il est évident que la plupart de ceux qui s'enivrent de brandevin à leur domicile échappent à la surveillance de la police.

La répartition des délits aux différents jours de la semaine se suit d'année en année avec une parfaite régularité. Je n   lonne que celle de l'année 1905 :

Dimanche	458
Lundi	1.023
Mardi	972
Mercredi	928
Jeudi.	747
Vendredi.	1.086
Samedi.	2.492
Total.	7.706

On ne publie pas, depuis 1899, l'origine des cas d'ivrognerie pour lesquels il y a eu des poursuites; en 1899, 1.461 venaient de brandevin consommé dans les bars du Bolag, 2.123 de brandevin consommé à la maison, 1.932 de bière consommée dans les brasseries; 1.532 étaient inconnus : total, 7.048.

Cette table ne reposant que sur les déclarations des ivrognes eux-mêmes, ne mérite qu'une confiance limitée. Tel individu a pu dire qu'il n'avait bu que de la bière tandis qu'il y avait mêlé du brandevin. Ce qui ressort de la concordance de ces tables, c'est la vente énorme du brandevin le samedi. Le consommateur fait sa provision pour le dimanche. Mais, une fois en possession de son brandevin, il ne résiste pas à la tentation et il s'enivre de suite. Le dimanche est un jour de sobriété, parce que le brandevin a produit son effet la veille. S'il ne craignait pas de manquer d'alcool le dimanche, le buveur ne se hâterait pas d'en acheter un ou deux litres le samedi, il ne le boirait pas tout d'un coup. La fermeture des magasins de vente d'alcool le dimanche ne donnerait pas ce résultat : plus de 32 p. 100, c'est-à-dire un tiers des délits d'ivresse ont lieu le samedi.

Un autre observateur que M. A. Pratt, M. Shadwell, dit :

Gothenbourg est une ville d'ivrognes. Il m'est arrivé, dans une ville d'Écosse, de voir, un samedi soir, plus d'ivrognes, mais jamais dans une ville d'Angleterre. En une heure, de sept à huit heures du soir, en me promenant, j'ai vu douze ivrognes. Jamais je ne suis sorti le soir sans rencontrer des ivrognes, quoique les rues soient vides. J'ai vu des gens à moitié ivres à onze heures du matin et d'autres à onze heures du soir, trois ou quatre heures après la fermeture des Bolags.

Voici quelle était la moyenne des condamnations pour ivrognerie, par 1.000 personnes, en 1898 : Angleterre, 7; Newcastle, qui est la ville anglaise où il y a le plus d'ivrognes, 17; en Ecosse, 26; en Irlande, 19; à Glascow, 57. Le chiffre de 57 était exactement celui de Gothenbourg en 1898. En prenant le chiffre de 52, qui est celui de 1905 pour Gothenbourg, on voit qu'il est des deux tiers plus élevé que celui de Newcastle, plus de sept fois plus élevé que celui de la moyenne en Angleterre, le double de celui d'Ecosse.

Gothenbourg peut être comparée à Cardiff. Voici la situation des deux villes :

	Gothenbourg.	Cardiff.
	—	—
Population	107.000	150.000
Magasins de liqueurs	850	339
Nombre d'agents de police	211	201
Condamnations pour ivrognerie	4.066	482
Malades admis à l'hôpital pour maladies directement dues à la boisson	104	15

Le total des admissions annuelles à l'hôpital de Gothenbourg était de 1.273; les cas d'alcoolisme aigu ou chronique comptaient pour 104; à Cardiff, sur 1.303 admissions, les cas d'alcoolisme n'étaient qu'au nombre de 15; et encore M. Shadwell estime que, sur les cas ainsi diagnostiqués à Cardiff, il y en a de douteux.

La comparaison de ces deux villes prouve que le système de Gothenbourg n'a pas réussi comme agent de tempérance.

M. Shadwell dit :

S'il y a eu à Gothenbourg, depuis l'adoption du système, des diminutions d'ivrognerie à certains moments, elles ont été suivies de recrudescences. Personne ne conteste l'échec du système à l'égard de l'ivrognerie.

Les statistiques de l'hôpital général prouvent que l'ivrognerie a augmenté.

Le docteur Wieselgren a admis le fait de la manière la plus formelle.

Autrefois, l'ivrognerie était inconnue pour les femmes. Maintenant elle les a atteintes et elle touche même les enfants. Les observations faites par la police et à l'hôpital corroborent le fait. Il provient de la consommation à domicile qu'ont développée les mesures prises contre la consommation sur place.

Ce déplorable résultat, dit M. Shadwell, mérite une sérieuse attention de la part de ces réformateurs enthousiastes et à courte vue, qui voient seulement le péril qui est devant leurs yeux, et qui, en essayant de l'éviter, se précipitent dans d'autres dangers souvent pires.

Le chef de la police de Gothenbourg, partisan du système, n'en disait pas moins à M. Shadwell :

— Un homme qui veut boire boira, et si vous l'empêchez de boire d'une manière, il en trouvera une autre.

V. — « La moralité doit passer avant le profit », disent les partisans du système de Gothenbourg. Je causais, en 1907, avec un habitant de Gothenbourg qui vantait l'excellence du système : « Personne n'a d'intérêt, me disait-il, à augmenter la consommation de l'alcool.

— Et la municipalité, combien touche-elle ?

— 800.000 couronnes. (La couronne est de 1 fr. 39.)

— Et vous considérez qu'une ville qui reçoit 1.100.000 francs du produit de la vente des alcools n'a pas d'intérêt à ce qu'elle ne diminue pas ?

Dans son rapport en 1907, le comité de la Chambre des Lords, chargé d'étudier ce système, constate qu'il a eu l'effet le plus démoralisant sur les municipalités. On sait que des corps peuvent montrer une aussi grande âpreté que des individus, surtout quand ces corps sont élus par des contribuables qui voient dans les bénéfices de la vente des spiritueux, un moyen de se débarrasser de leurs charges fiscales.

Dans l'étatisation du système de Gothenbourg, adoptée en 1907 en Suède, 29 p. 100 des bénéfices continuèrent seulement d'aller aux villes, et avec une diminution progressive qui doit tomber à 1 p. 100 en 1920; la part des municipalités est allée au Trésor public à charge pour lui de distribuer un cinquième des profits aux conseils des districts ruraux, aux sociétés d'agriculture un huitième, et d'employer un centième « pour la cause de la tempérance ».

La réforme avait pour but de diminuer « les cupidités municipales » ; on y substitua la cupidité de l'Etat. C'était un mouvement de centralisation fait surtout au profit des districts ruraux qui devaient recevoir les profits donnés par les buveurs des villes. Comment ont été répartis ces profits ? Vous imaginez-vous le gouvernement français ayant entre les mains un pareil instrument de corruption et de pression ?

Le système de Gothenbourg avait jusqu'alors rendu les consommateurs sympathiques aux municipalités qui l'avaient adopté ; la réforme en a fait des consommateurs nationaux.

VI. — On a continué de trouver que les villes avaient une part trop grande dans les bénéfices. En 1911, une proposition portait que toutes les taxes ou redevances pour la vente de l'eau-de-vie et tous les revenus qui en découlent fussent perçus par l'État.

Au mois de janvier 1914, « la commission de tempérance présenta au Reichstag un projet de loi étendant l'action du bolag à tout le commerce des boissons alcooliques, y compris la bière et le vin ; option locale ; adoption du système de Stockholm interdisant de vendre au même acheteur plus d'un litre par semaine ; interdiction de servir des spiritueux avant midi.

On a voulu supprimer les cafés de bière, supprimer tout bénéfice sur l'alcool aux restaurants qui en vendent.

La condition imposée à la vente de l'alcool à emporter du bolag était l'obligation d'en prendre un litre. Des individus qui ne pouvaient prendre chacun plus de deux petits verres au bolag s'associèrent : « Il n'est pas rare, dit le Dr Rogues de Fursac, de rencontrer à Stockholm, à Christiania, à Gothenbourg, disséminés dans une ruelle ou sous une porte cochère, trois ou quatre individus vidant leur litre »[1].

C'est la confirmation de ce qu'avaient dit MM. Edwin Pratt et Shadwell.

Je n'ai pas pu savoir si ces projets ont été adoptés.

1. Dr Rogues de Fursac. *La lutte anti-alcoolique dans les pays scandinaves. Le musée social*, mars 1914.

CHAPITRE VIII

LA NORVÈGE ET LA SOBRIÉTÉ DES ABSENTS

Le système de Gothenbourg a été appliqué à la Norvège en 1871.

Tout d'abord les profits furent employés à des œuvres philanthropiques qui se prétendent toutes supérieures les unes aux autres : hôpitaux, parcs, bains, refuges, établissements d'enseignement, missions chrétiennes, sociétés de tempérance, maisons d'incarcération pour les ivrognes, excursions d'été, etc.

Les demandes dépassent les bénéfices. Alors on augmente ceux-ci. L'heure de fermeture des samlags a été, dans une occasion, suspendue pour un ou deux ans afin de remettre le surplus des recettes qui en résulta à un directeur d'hôpital. En 1896, une loi attribua tous les profits à l'Etat qui, en 1901, après avoir réservé 5 p. 100 pour les dividendes des samlags, garde 65 p. 100 pour lui, en remet 15 p. 100 aux communes dans lesquelles existe le centre de consommation, 20 p. 100 à des objets d'utilité publique, mais ne réserve rien des droits.

En 1905, à Christiania les samlags vendirent 413.000 litres, mais les marchands de vins spiritueux vendirent 2.000.000 de bouteilles.

Jusqu'en 1904 les Norvégiens importaient du *ladevin*, boisson alcoolique faite en Allemagne.

Les apologistes des samlags ont vanté la diminution des cas d'ivrognerie. De 1897 à 1905, ils tombèrent à Christiania de 111 à 43 pour 1000, mais à Londres, ils étaient dans la même période de 10 ; à Glascow de 18.

M. Edwin Pratt a raconté que des groupes de buveurs, en été, achetaient plusieurs litres de brandevin, les emportaient à la campagne avec des couvertures, destinées à les isoler dans un petit campement où ils s'installaient pour les boire jusqu'à la dernière goutte et se reposer tranquillement.

Mais il y a toujours eu une grande différence dans la consommation globale des liqueurs fermentées et distillées entre la Suède et la Norvège. Alors que la consommation était libre, on évaluait en 1829 celle de la Suède à 46 litres, bière et brandevin, et, en 1833, celle de la Norvège, à 16 litres par tête.

Après l'introduction du système, dit de Gothenbourg, en 1865 en Suède et en 1871 en Norvège, les mêmes différences se sont maintenues.

	Norvège.		Suède.	
	Brandevin litres.	Bière litres.	Brandevin litres.	Bière litres.
1871-80	5,2	18,2	10,9	16,1
1881-90	3,2	16,0	7,5	21,9
1900	3,4	22,7	8,5	56,4
1904	3,3	13,1	6,9	52,8
1905	2,7	13,7	7,0	»

Avant de conclure que les Norvégiens sont beaucoup plus sobres que les Suédois, il faudrait observer que les populations de ces deux pays ne vivent pas de la même manière.

La population norvégienne comptait, à la fin de 1910, 2.400.000 personnes. Sa flotte marchande venait immédiatement après celle du Royaume-Uni et des Etats-Unis. Au 12 janvier 1914, elle comptait 2.261 navires à vapeur représentant 1.161.000 tonnes nettes et 1032 voiliers représentant 607.000 tonnes nettes, soit un total de 1.768.000 tonnes.

A la même date, la France avait 1895 navires à vapeur représentant un tonnage de 980.433 tonnes et 15.824 navires à voiles et barques de pêche représentant un tonnage de 602.000 tonnes. La navigation comptait 98.600 marins et hommes d'équipage.

Il faut compter en outre pour la France 154.000 personnes employées à la pêche et pour la Norvège 115.000.

Si on comptait, comme en France, un homme par 16 tonnes, les équipages norvégiens compteraient 106.000 marins ; mais sa navigation étant plus économique que celle de la France, on doit compter une moindre proportion. Admettons 80.000; sur les 115.000 personnes engagées dans la pêche, il y a des femmes, des enfants sédentaires. Nous en retenons seulement 70.000.

La population masculine de la Norvège comptait 1.123.000 têtes au 1er décembre 1910[1]. Il faut en déduire 586.000 enfants et jeunes gens de 0 à 19 ans : de 20 à 50 ans nous comptons 422.000 hommes. Une déduction de 150.000 hommes embarqués, le plus souvent absents de Norvège, donne le chiffre de 37 p. 100.

1. *Résultats statistiques du recensement général de la population française*, t. I, 2e partie, p. 153.

De ces 150.000 marins et pêcheurs beaucoup boivent en route, dans les ports de relâche. Le vide qu'ils font en Norvège ajoute, au coefficient des pays où ils se trouvent, les verres de bière et de whisky qu'ils y consomment. Mais cette sobriété par l'absence est portée au crédit du système de Gothenbourg, quoique Gothenbourg soit Suédois et non Norvégien.

CHAPITRE IX

LA PROHIBITION AUX ÉTATS-UNIS

Si l'alcool est un poison, le gouvernement ne doit pas en faire un moyen fiscal ; il doit le prohiber.

En 1851, aux Etats-Unis, les législateurs de l'Etat du Maine eurent cette logique :

— Quels résultats cette mesure a-t-elle donnés?

Le 14 mars 1892, le gouvernement du Canada nomma une commission, à la tête de laquelle était sir Joseph Hickson, chargée d'examiner les questions relatives au *Liquor-Traffic* dans les diverses parties du monde. Elle s'est livrée à une enquête consignée dans sept gros volumes in-8°, suivis d'un index. Le rapport fut déposé au mois de février 1895.

Voici ce que j'y trouve relativement à l'Etat du Maine (T. I., p. 315 et suiv.) :

La loi, promulguée en 1851, fut rappelée en 1855, rétablie en 1857. A peu près tous les ans, on l'a changée par des amendements. Ils étaient, en 1873, au nombre de 50 ou 60. Il est probable qu'ils ont augmenté depuis. Presque toujours ces amendements ont eu pour objet d'ajouter un nouvel écrou à la loi. En 1884, par 70.783 électeurs sur 142.107, la prohibition fut annexée comme amendement à la Constitution de l'Etat.

L'amendement prohibe la fabrication et la vente des « boissons toxiques » (*intoxicating liquors*), sauf pour emploi médicinal ou industriel.

Mais le shériff de l'Etat du Maine se rend lui-même complice des empoisonneurs, si l'alcool est un poison. Car, que fait-il des alcools saisis? il ne les brûle pas, il ne les détruit pas. Il les vend à d'autres Etats. Si les législateurs de l'Etat du Maine avaient la conviction que l'alcool fût un poison comme l'arsenic, ils seraient bien coupables.

La prohibition paraît avoir surtout produit comme effet, non pas la diminution de la consommation de l'alcool, mais l'augmentation du nombre des saisies. A Portland, dans l'Etat du Maine, ville de 36.400 habitants en 1890, spécialement étudiée par la commission, le nombre des mandats de perquisition et le nombre des saisies effectuées suivait la progression suivante :

	Mandats.	Saisies.
	—	—
1888	2.887	961
1889	2.056	839
1890	3.637	978
1891	3.979	1.562
1892	10.863	1.082
	24.222	5.422

Tels sont les derniers chiffres que donnait le rapport. Mais pourquoi ces variations?

L'hon. Chas. L. Libby, ancien président du Sénat du Maine, ancien maire de Portland, ancien attorney de l'Etat du Maine de 1873 à 1878, explique fort bien les effets de la prohibition dans l'Etat du Maine.

« Je pris, dit-il, mes fonctions d'attorney sans les avoir demandées, avec l'intention, non pas de rechercher les effets de la loi, mais de l'appliquer sérieusement. Pendant les cinq ans que je restai en fonctions, j'ouvris 1.000 poursuites, je prononçai environ pour 80.000 dollars d'amendes. Les affaires de liqueur dépassaient de beaucoup toutes les autres. »

Quels étaient les effets de ces condamnations? L'hon. Chas. L. Libby finit par s'en préoccuper et alors il trouva qu' « il avait ruiné, rejeté hors des affaires certains hommes, mais ces hommes étaient employés par d'autres. Seulement, en présence des risques à courir, la moralité de ceux-ci était d'un niveau inférieur à ceux qu'il avait envoyés en prison ».

Alors le commerce des liqueurs fortes prit une autre forme. Les déclarations de *clubs* se multiplièrent. Les jeunes gens les fréquentèrent et y consommèrent plus qu'ils n'auraient consommé dans des public houses.

Dans les public houses, ils auraient bu ; dans les clubs, ils ajoutèrent à la boisson « le jeu et d'autres vices », dit l'hon. Chas. L. Libby.

Ce ne furent point les seuls effets démoralisateurs de la « *Prohibition* » qu'il constata. Les liqueurs fortes étaient proscrites des lieux de vente ; mais alors elles s'emmagasinèrent dans les maisons particulières. Des enfants qui ne seraient pas allés les consommer au bar les trouvèrent à la cuisine.

Une industrie se créa, celle des colporteurs de liqueurs qui les portaient dans la poche.

Enfin, il y eut d'autres effets démoralisateurs. Le parjure devint monnaie courante devant les tribunaux qui ne furent plus occupés que par des cas relatifs aux boissons.

De pareilles mesures ont un effet infaillible. C'est de pervertir ceux qui sont chargés de les appliquer. La corruption de la police faisait partie des frais généraux du commerce des liqueurs.

Enfin, M. Leander Cram, shériff du County de Cumberland, répond à cette question : « Quelle est la principale difficulté dans l'application de la loi? Réponse : La déloyauté. — La déloyauté de la part des agents? Réponse : — Oui. »

L'hon. judge Gould, de la « *municipal court* » de Portland, dit : « Les marchands de liqueurs ont l'habitude de payer des droits aux agents pour obtenir la permission de continuer leurs affaires ».

A Portland, la loi est un « football » politique. Les variations qu'on voit dans les chiffres publiés indiquent les variations des hommes portés aux affaires. Tantôt ce sont les prohibitionnistes farouches qui y arrivent, tantôt ce sont des hommes qui font des accommodements avec les trafiquants de liqueurs La corruption joue son rôle.

L'évêque épiscopal du Maine, le Right Rev. Dr Nely dit :

> Je ne pense pas que ceux-mêmes, parmi les plus enthousiastes de cette mesure, puissent dire qu'elle a rendu quelque service appréciable dans nos villes.

Le Rev. Dr Healy, évêque catholique du Maine, qui avait été curé d'une des grandes paroisses de Boston, dit :

> La prohibition produisit les plus mauvais effets. Les gens pauvres prirent comme règle de se mettre en opposition avec elle.

On lui posa cette question :

— Pensez-vous que la loi prohibitive a eu pour effet de démoraliser les efforts des tempérants ? — Avec nous, elle a eu cet effet. La politique s'en mêle. Elle provoque l'arbitraire de la police. Elle oblige au parjure de pauvres gens, par peur d'aller en prison. Cette loi, c'est l'oppression du pauvre. Un homme riche peut toujours avoir les liqueurs fortes qu'il désire. Cette loi n'est exécutée que contre les pauvres.

On a fait un monopole, le monopole d'un poison, horreur ! Un « state commissionner » vend de l'alcool pour l'usage médicinal ou industriel. Mais, auparavant, il le fait acheter. Le général Neal Dow dit :

Si le « state commissionner » dit à l'agent local de Portland : Vous achèterez vos liqueurs seulement à une des quatre maisons que je vais vous désigner ! celui-ci n'a pas le choix. Il faut qu'il se conforme à cet ordre.

Et cet ordre n'est pas désintéressé, tout au moins au point de vue politique.

Les mesures prises contre la vente de l'alcool à Portland n'ont point diminué la consommation. La vente de l'agence seule représentait 19.615 dollars en 1881 et en 1892-93, 84.848 dollars.

Tels sont dans l'Etat du Maine, les résultats du système de la prohibition. Ils ne préservent pas de l'intoxication physique, mais ils provoquent une intoxication morale, pire que celle qui existait en France pour les cabarets sous le régime de la loi de 1851.

Ils sont à peu près les mêmes dans les autres états où la prohibition est en vigueur.

Des ouvriers s'entendent pour ouvrir en faveur de leurs camarades des débits de boissons. Les épiciers cachent le whisky dans de grands coffres à glace. Un tonneau de bière est envoyé à une station de chemin de fer. Personne ne le réclame, il est mis à la consigne. Les gens altérés savent qu'ils l'y trouveront; ils boivent et paient à l'employé de chemin de fer qui est de garde.

Toutes les personnes qui ont voyagé aux Etats-Unis ont des histoires amusantes à raconter sur le passage d'un *Wet state* (d'un Etat mouillé) à un *Dry state* (à un Etat sec).

Voici encore quelques-unes des constatations faites par la commission canadienne :

Alaska.

Malgré les efforts, les dispositions prohibitives sont violées. La fraude est un genre d'affaires qui jouit d'une grande popularité. Des distilleries clandestines ont été fondées sur divers points du territoire.

Iowa.

La loi de prohibition de Iowa autorise la vente de spiritueux uniquement dans un but pharmaceutique, médical, mécanique et religieux; mais il faut obtenir un permis spécial autorisant ce genre de commerce. Le rapport dit : « Certains prohibitionnistes très convaincus estiment en toute honnêteté que la loi est appliquée dans toute sa rigueur dans les districts ruraux; mais le fait est que, dans nombre de ces secteurs, il n'y aurait pas de cafés, même si une loi de licence était en vigueur. Les prohibitionnistes eux-mêmes ne vont pas jusqu'à prétendre que la loi est rigoureusement observée dans les villes ».

L'application de la loi a été obtenue, on peut le dire, par la force. Pour les marchands de spiritueux, ce fut l'occasion de mauvaises affaires.

— Nous avons, disent les déposants, de soixante à quatre-vingts cafés ouverts ici en violation directe d'une loi qui fut solennellement promulguée, mais ils sont ce que l'on pourrait appeler tributaires des agents du gouvernement. Ces établissements paient 25 dollars par mois et il est entendu tacitement que les agents ne les inquièteront pas.

Maine.

Le Maine est spécialement important parce que la loi de

prohibition est inscrite dans son Livre de statuts depuis quarante ans et a été continuellement amendée en vue d'être rendue plus effective. Le rapport dit : « La statistique montre que le fait de la prohibition du commerce des spiritueux formant une partie de la constitution du Maine n'a pas eu pour effet de raffermir la vie religieuse des familles dans l'Etat et que l'influence de la religion est en train de s'affaiblir. »

New-Hampshire.

Les proportions des arrestations pour ivresse sont toutes relativement élevées.

Ces résultats d'intoxication morale provoqués par la prohibition ne l'ont pas empêchée de s'étendre. En 1897, elle fonctionnait dans huit Etats : la Caroline du Sud, le Dakota du Nord, le Dakota du Sud, l'Iowa, le Kansas, le Maine, le New-Hampshire, le Vermont, dans le territoire indien des Etats-Unis. L'Alabama, le Dakota du Sud, le New-Hampshire, le Vermont après l'avoir pratiqué ont changé de système ; l'Arizona, l'Arkansas, le Colorado, la Georgie, l'Edaho, le Mississipi, la Caroline du Nord, l'Oklahoma, l'Orégon, Washington et la West Virginia y ont eu recours. Il y a actuellement, sous ce régime, 18 Etats sur 48. Il faut y ajouter le Dakota du Sud qui l'a repris en 1916.

Un referendum en 1908, abolit à 600 voix de majorité la prohibition dans le Maine ; mais elle n'en a pas moins été maintenue.

Ces Etats sont de petits Etats : sept d'entre eux en 1915 avaient moins d'un million d'habitants. Le Maine, qui est célèbre pour avoir institué la prohibition, avait 627.000 habitants en 1870, il en a 767.000 maintenant, soit une augmentation de 22 p. 100, tandis que la population des Etats-Unis a passé de 38.600.000 habitants à 100.400.000 soit une augmentation de 160 p. 100. Le Maine est donc resté de beaucoup en arrière.

Si la prohibition avait supprimé toute boisson alcoolique dans ces dix-huit Etats, on arriverait au résultat suivant. La consommation des boissons alcooliques a passé de gallons 7,70 par tête en 1870 à gallons 22,68 en 1913. L'ensemble de ces Etats représente une population de plus de 28.765.000 têtes soit plus d'un quart de la population totale des Etats-Unis. Si la prohibition y a supprimé la consommation de toute boisson alcoolique, il faut augmenter de plus d'un quart la consommation du reste des Etats-Unis. La consommation par tête ne serait plus de 22,68 mais de près de 29 gallons [1] (110 litres).

La moyenne des aliénés est par 100.000 habitants pour tous les États-Unis de 66.1. Sept États prohibitionnistes sont au-dessus de cette moyenne : le chiffre du Colorado est de 90,4.

La moyenne [2] des personnes condamnées en 1910 est de 521,7 pour 100.000 personnes : cinq États prohibitionnistes dépassent cette moyenne : le Colorado avec 610,4 ; le Maine, 707,5 ; Washington, 964,9 ; l'Arizona, 3.392,6.

En 1910, M. Louis Skarzynsky avait fait aux Etats-Unis une enquête sur les rapports de la criminalité et de la prohibition. Son travail n'a pas été publié ; mais il m'a communiqué un certain nombre de ses résultats d'après lesquels non seulement la statistique criminelle ne prouverait rien en faveur de la prohibition, mais prouvait contre.

En 1908, un *Prohibition party national* s'est fondé, il a

1. V. *supra*, liv. III, ch. .
2. *Statistical abstract*, 1915, p. 55.

tenu à Columbus (Ohio) une convention pour désigner un candidat à la présidence des États-Unis. Il choisit par 696 voix, M. Eugène, W. Chapin, de l'Illinois, qui ne recueillit qu'un nombre de voix insignifiant.

CHAPITRE X

LA PROHIBITION DANS LA NOUVELLE-ZÉLANDE

Dans la Nouvelle-Zélande, il y a un parti prohibitionniste qui contribua à faire donner le droit électoral aux femmes des représentants.

En 1893, les femmes en usèrent pour la première fois. Elles donnèrent de l'espoir aux prohibitionnistes. Mais aux élections de 1896, la déception fut complète : 139.000 contre 98.000.

Sir Robert Stout, chef de l'opposition qui comprenait les prohibitionnistes se plaignit amèrement de la défection des femmes.

La question de la tempérance, dit-il, n'influença le vote des femmes en aucun degré. Elles votèrent comme leurs maris et leurs frères pour des partis politiques.

Tous les trois ans, au moment des élections générales, la question de la prohibition fait l'objet d'un referendum. Le vote ne peut être acquis que s'il réunit 60 p. 100 des votants. En 1912, les partisans de la prohibition réunirent 255.866 voix contre 202.608 soit 54 p. 100. La prohibition ne fut donc pas votée. En 1915, la question ne s'est pas posée. La Nouvelle-Zélande reste donc sous le régime de la *local option*, des localités ayant le droit d'interdire l'existence des débits de boissons.

LIVRE VI

LES MONOPOLES

CHAPITRE PREMIER

LE MONOPOLE DE L'ALCOOL EN SUISSE

La limitation du nombre des débits, le système de Gothenbourg, la prohibition ont donné les résultats que nous venons de voir; mais il y a un autre système dans lequel l'État doit à la fois combattre l'alcoolisme et obtenir des ressources pour le budget : c'est le monopole. Ce système a été appliqué en Suisse et en Russie.

1° *Les droits d'Ohmgeld.* — Il y avait en Suisse des droits d'entrée cantonaux, espèces de douanes intérieures avec tarifs différents, sur les vins, les cidres, les bières, l'alcool. On les appelait des droits d'« Ohmgeld ». Etablis dans seize cantons sur vingt-deux, ils entravaient la liberté du commerce et de la circulation dans la Confédération. La Constitution de 1848 avait interdit de les relever : lors de la négociation du traité de commerce avec la France en 1864, ils avaient donné lieu à de sérieuses difficultés. La Constitution fédérale de 1874 avait prescrit qu'ils devaient prendre fin le 1er janvier 1890.

L'article 31 de la Constitution garantissait « la liberté de l'industrie et du commerce dans toute l'étendue de la Confédération ». L'article 32 stipulait des exceptions pour « le sel, la poudre de guerre, les droits d'entrée sur les vins et autres boissons ». La revision de 1885 y ajouta : « la fabrication et la vente des boissons distillées », et par l'article 32 *bis* donna à la Confédération « le droit de décréter par voie législative, des prescriptions sur la fabrication et la vente des boissons distillées ».

On voit que le but de la revision du 25 octobre 1885 était d'assurer la liberté de circulation des boissons sur le territoire de la Confédération en supprimant les droits d'entrée cantonaux. C'était une loi de liberté.

La revision de 1885 n'impliquait pas le monopole. M. Numa Droz, chargé du département de l'agriculture dans le Conseil fédéral, était opposé au monopole, mais partisan de la suppression des droits d' « Ohmgeld ».

« Dans la discussion des Chambres, dit M. Numa Droz, je ne crois pas que le mot de monopole ait été prononcé une seule fois » ; et il parle de la surprise qui se produisit quand le département de l'intérieur présenta au Conseil fédéral trois projets, dont deux relatifs au monopole. Le Conseil fédéral adopta, sur l'insistance de M. Numa Droz, par quatre voix contre trois, le premier projet qui était celui de l'impôt; mais la commission du Conseil national adopta le projet de monopole. La majorité du Gouvernement capitula à la condition que la Confédération ne distillerait pas elle-même, et la loi actuelle fut votée le 23 décembre 1886 et approuvée le 15 mai, par un referendum, avec 267.000 voix contre 138.500[1].

Le monopole suisse fut une manifestation du mouvement centralisateur, dirigé surtout par l'administration de Berne.

Mais les Suisses, se méfiant des entraînements probables, ont voulu restreindre les dangers de cette institution et en limiter les pertes. Ils ont stipulé que les trois quarts de l'alcool du monopole seraient achetés à l'étranger et qu'un quart seulement serait acheté en Suisse, sans pouvoir excéder toutefois 20.000 hectolitres ou 25.700 quintaux métriques par an.

En 1886, il y avait 1.450 distilleries. La loi a supprimé les grandes et les petites et les a ramenées au chiffre de 63 distilleries moyennes. L'indemnité prévue pour les distilleries supprimées, représentant leur capital d'établissement, était de 6.400.000 francs. Les indemnités payées se sont montées à 3.740.000 francs.

C'est un avertissement pour les distillateurs français qui pourraient croire que le rachat serait pour eux un coup de fortune.

2° *Déceptions financières.* — On avait prévu que le monopole rapporterait un produit net de 8.840.000 francs qui devait être réparti entre les cantons ayant des droits d'Ohmgeld.

Cette prévision était modérée. La Suisse avait alors environ 3 millions d'habitants. C'était donc moins de 3 francs par tête, ce qui pour la France n'aurait représenté que 115 millions. Cependant ce chiffre n'a jamais été atteint.

1. Numa Droz. *Essais économiques.* Alcan.

Voici les résultats pendant les cinq premières années :

1887-88	5.422.316
1889	4.547.108
1890	6.306.668
1891	6.013.335
1892	5.778.668

Pendant ces deux dernières années, la vente de l'alcool avait augmenté, mais les dépenses avaient augmenté encore plus vite.

Depuis 1896, le produit net est réparti entre tous les cantons proportionnellement à leur population.

Pendant les cinq années 1906-1910, la moyenne annuelle des chiffres répartis a été de 6.184, inférieure ainsi de 30 p. 100 à ce qu'on en attendait vingt-cinq ans plus tôt.

Pendant les cinq dernières années dont le compte a été distribué, voici le chiffre de la répartition :

1911	6.441.766
1912	7.249.125
1913	7.062.942
1914	6.593.447
1915	7.349.785

Voici le compte général de 1887 à 1915 inclusivement :

Total des recettes	377.775.475
Total des dépenses	197.476.562
Excédent du compte d'exploitation	180.298.912
Répartition aux cantons et communes à octrois	169.561.475

Soit une moyenne de 6 millions 1/2.

Pour la Suisse ce n'est pas un désastre ; mais si

l'expérience basée sur les illusions de M. Alglave, ou même sur celles de M. Guillemet, s'était poursuivie en France, on aurait abouti à des déficits se chiffrant par des milliards.

3° *La protection de la pomme de terre.* — En France, les partisans du monopole, M. Alglave en tête, ont voulu que les Suisses l'eussent institué dans un but anti-alcoolique, et dans le but de ne livrer aux consommateurs qu'un alcool dégagé de toute impureté.

Il est plus simple de s'en tenir à cette déclaration du rapport de la Régie des alcools pour 1894.

> Le premier mobile du législateur fut de protéger la pomme de terre.

Les trois quarts de l'alcool sont achetés en Allemagne et en Autriche. Au compte de 1913, le prix moyen par quintal du trois-six fin acheté à l'étranger était de 43 fr. 06; le prix payé aux distillateurs suisses était de 80 fr. 87.

Cette différence a été beaucoup plus grande à d'autres époques. De 1887 à 1892, l'Autriche livrait son alcool à 20 francs et la régie achetait l'alcool suisse 88 francs.

L'alcool est fourni à la Régie au moyen de contrats de livraison par lots de 150 litres au moins et de 1.000 hectolitres d'alcool absolu. Une distillerie ne peut obtenir qu'un seul lot.

Comme d'habitude, dans tous les pays, les cultivateurs de pommes de terre se plaignent de les vendre trop bon marché. Le Conseil fédéral leur répond :

— Vous voyez que nous achetons l'alcool national beaucoup plus cher que nous ne payons celui de l'étranger. C'est dans votre intérêt que nous y mettons un si haut prix. Sachez en profiter !

Le Conseil fédéral donne ainsi une forte gratification aux cultivateurs de pommes de terre : et, en conversations, les initiés disent que la majoration est influencée par les circonstances politiques. La Régie des alcools cultive la pomme de terre électorale.

4° *L'alcool et le carbure de calcium.* — Mais voici une innovation qui va modifier les conditions dans lesquelles la Régie fédérale se procurait des alcools. Au lieu de s'adresser pour les trois quarts de la consommation à l'étranger, elle a constitué, par une décision du Conseil fédéral du 2 mars 1917, un nouveau fournisseur. Elle porte approbation d'une convention avec la *Lonza,* usine électrique sise à Gampel, pour la fourniture d'alcool fabriqué au moyen de carbure de calcium.

La Lonza établira près de Viège des installations pour la fabrication annuelle de 7.500 tonnes d'alcool absolu pouvant être agrandies pour une capacité annuelle de 10.000 tonnes.

La Lonza devra livrer à la R. A. de l'alcool secondaire et de l'alcool fin industriel. La R. A. sera en droit de refuser les livraisons dont la qualité ne satisfait pas aux conditions ci-après.

L'alcool secondaire et l'alcool fin industriel doivent avoir une contenance alcoolique de $92\ {}^{3}/_{4}$ p. 100 du poids, être exempts de furfurol et, soit à leur titre de livraison, soit étendus d'eau distillée jusqu'à réduction de ce titre à 25 p. 100 du poids, être parfaitement limpides et incolores.

Calculé à 100°, l'alcool secondaire ne doit pas renfermer plus de 2 p. 1000 d'aldéhyde, et calculé en acide acétique, pas plus que 0.15 p. 1000 d'acide. Il ne doit contenir que des traces d'impuretés azotiques. Pour le goût et l'odeur, l'alcool secondaire doit équivaloir au moins à un alcool fin de qualité inférieure.

L'alcool fin industriel ne doit pas contenir plus de 0,2 p. 1000 d'aldéhyde et plus de 0,055 p. 1000 d'acide. Une odeur et un goût prononcés sont tolérés. L'alcool fin industriel ne doit pas contenir d'impuretés azotiques.

I. La Lonza s'engage, sous réserve des dispositions du paragraphe 12, à livrer annuellement à la R. A. 2.500 tonnes d'alcool secondaire et d'alcool fin industriel à partir de l'ouverture de l'exploitation jusqu'à l'expiration de la concession. Si, par suite d'une modification des dispositions légales en vigueur, les acheteurs d'alcool industriel viennent à être obligés de faire leurs achats auprès de la R. A., le chiffre des livraisons annuelles que la Lonza est tenue de faire sera porté à 3.500 tonnes. La proportion à observer dans les livraisons entre alcool secondaire et alcool fin industriel sera fixé par la R. A.

II. La R. A prendra livraison de ces 2.500, soit 3.500 tonnes, dans ses wagons-réservoirs, loco-fabrique, aux prix fondamentaux suivants par tonne d'alcool absolu (100.000 kilos-degrés) :

Alcool secondaire	527,50 fr.
Alcool fin industriel.	555 francs.

Si le prix pour de bons charbons, cokes de la Ruhr, cokes de gaz ou anthracites donnant environ 5—6 p. 100 de cendres, vient à dépasser 45 francs la tonne franco gare Viège, la Lonza aura droit à une majoration des prix fondamentaux ci-dessus, proportionnellement à la consommation effective de houille, charbons pour électrodes compris. Si le prix des dits matériaux vient au contraire à baisser au-dessous de 45 francs la tonne, la R. A. aura droit à une diminution proportionnée des prix fondamentaux de l'alcool. Dans le calcul de l'élévation ou de la diminution de ces prix, on ne pourra pas porter en compte plus de 2 tonnes 1/2 de houille pour 1 tonne d'alcool.

D'après cette convention, le prix de l'alcool par 100 kg. 100 est de 53 francs, et par hectolitre à 95 p. 100 de 40 francs.

Voilà une révolution dans la production de l'alcool.

§ 5. *La rectification.* — Tout d'abord la régie offrit aux consommateurs une liqueur incolore, ayant une certaine saveur brûlante. C'était de l'alcool bien rectifié; mais les Suisses, habitués au schnaps, réclamèrent; et la Régie y ajouta du « fusel » dans la proportion de 1 1/2 pour 1000 afin de leur gratter le palais et la gorge. La Régie voulait satisfaire le goût de ses consommateurs; et son directeur M. Milliet, dans *sa communication* au Congrès de Bâle, dit :

Sous l'influence d'auteurs français, on a attribué à la pureté des boissons distillées, le rôle prépondérant dans la lutte contre l'alcoolisme. Aujourd'hui on est enclin à considérer la qualité comme un facteur d'une importance presque nulle.

Et si M. Milliet trouve ces deux opinions exagérées, il penche cependant pour la dernière.

Maintenant la Régie se contente de la rectification telle qu'elle est faite par l'industrie qui vend l'alcool.

§ 6. *Les bouilleurs de cru.* — Le monopole a-t-il réduit la consommation de l'alcool?

Nous ne connaissons pas la consommation exacte de la Suisse parce que l'article 32 *bis* de la Constitution adopté en 1885, contient la disposition suivante :

La distillation du vin, des fruits à noyaux et à pépins et de leurs déchets, des racines de gentiane, des baies de genièvre et d'autres matières analogues, est exceptée des prescriptions fédérales, concernant la fabrication et l'impôt.

C'est le triomphe des bouilleurs de cru de tous genres, producteurs de kirsch, de bitter, de gin et distillateurs de vins et marcs. Les restrictions ne s'appliquent qu'à l'alcool provenant des matières amylacées. Le second paragraphe de cet article 32 *bis* ajoute que « le commerce des boissons alcooliques non distillées ne pourra plus être soumis par les cantons à aucun impôt spécial ». Cet article se termine par cette singulière prescription :

> Les cantons sont tenus d'employer en moyenne 10 p. 100 des recettes pour combattre l'alcoolisme dans sa cause et ses effets.

Les cantons ont tenu peu de compte de cette prescription un peu vague : car si l'alcoolisme provient de l'abus de la consommation de l'alcool, il n'en résulte pas que la consommation de l'alcool entraîne l'alcoolisme : et le Message du 20 novembre 1884 loin de la proscrire la recommandait.

§ 7. *Pour l'alcool.* — Il contenait tout un chapitre intitulé : *Avantage des boissons spiritueuses.* Il citait l'ouvrage classique sur *l'alimentation* du Dr Kœnig, et l'opinion du Dr Binz de Berlin, recommandant l'usage de l'alcool.

De ces citations, le Message tirait la conclusion suivante :

> Ces citations détaillées ne font en somme que confirmer l'opinion publique : mais vis-à-vis de certaines exagérations, nous avons jugé utile de démontrer que le jugement instinctif du peuple est ratifié par des hommes de science.

Les promoteurs du monopole n'avaient pas la naïveté de vouloir qu'il rapportât des ressources suffisantes pour supprimer les droits d'« Ohmgeld » et qu'il supprimât en même temps la consommation de l'alcool. Ce n'étaient pas des prohibitionnistes, et ceux qui l'appliquent ne le sont pas devenus.

CHAPITRE II

LE MONOPOLE ET LA PROHIBITION DE L'ALCOOL EN RUSSIE

D'après Pierre le Grand, « la joie de la Russie, c'est de boire », mais elle n'a pas grand chose à boire; 2 à 4 millions d'hectolitres de vin; 4 millions d'hectolitres de bière pour une population de plus de 130 millions d'habitants dans la Russie d'Europe. Si elle veut donc se livrer à la joie, elle doit consommer de l'eau-de-vie. Le monopole n'est pas une nouveauté pour elle, c'est une institution qui date de 1598. Elle a parcouru des phases diverses.

Abolie en 1863, elle fut rétablie par M. Vitte, ministre des Finances, le 1er janvier 1895 dans les quatre provinces de Perm, d'Orembourg, de Samara et d'Oufa, ayant une population de 10 millions d'habitants sur une superficie de 800.000 kilomètres carrés, équivalente à celle de la France et de l'Italie. Cette population consommait 200.000 hectolitres d'alcool. Ce n'était pas beaucoup. Si le moujik aime à boire, il n'a pas occasion de boire souvent, et alors quand l'occasion se présente il a une tendance à en profiter plus que de raison.

Jusqu'à la Révolution de mars 1917, l'Empereur de Russie était le « petit père » de ses sujets; il devait veiller sur eux et les préserver du mal.

Alors l'Empereur de Russie se dit : Au lieu que le moujik puisse s'attarder au cabaret, je vais l'obliger à emporter *la vodka* chez lui pour l'y consommer tranquillement; s'il en boit trop, il sera tout rendu pour la cuver.

Il décréta le monopole, non de la fabrication de la *vodka*, mais de sa vente.

Les débits d'alcool étaient tenus par des fonctionnaires qui, touchant des traitements fixes, n'avaient aucun intérêt à développer la consommation. Une trentaine de ces fonctionnaires étaient membres de la noblesse. Ces débits avaient pour caractéristique de n'avoir ni siège, ni verre, ni tire-bouchon.

La fiole qu'on y vendait était scellée avec une vignette et il était absolument interdit de la déboucher sur place. On entrait, on payait, on emportait. Le débit n'était ni un cabaret, ni un bar.

Le moujik, une fois en possession de sa bouteille, sortait du débit. Arrivé dans la rue, il trouvait un industriel qui possédait ce qu'il n'avait pu trouver dans la boutique, c'est-à-dire le tire-bouchon.

Celui-ci lui en offrait l'usage avec une croûte de pain et un morceau de hareng; pendant qu'il débouchait la bouteille, le moujik mangeait la croûte de pain et le filet de hareng.

Mais, comme, en se livrant à cette occupation dans la rue, il avait peur d'être dérangé par la police il se dépêchait de boire sa fiole d'eau-de-vie et il retournait en chercher une autre.

De sorte que le résultat final était celui-ci : Au lieu de consommer comme autrefois, bien à l'abri, plus ou moins lentement, de l'alcool dans un cabaret, autour d'un bon poêle, le paysan russe l'absorbait en toute hâte, en plein air, quelquefois par 30 degrés de froid[1].

D'après les rapports des comités de tempérance qui recevaient chacun une subvention annuelle de 50.000 roubles (133.000 francs) et qui étaient présidés par les fonctionnaires du monopole, l'ivresse publique augmenta aussitôt : dans la ville de Ztatooust, du 1er janvier au 16 août 1895, il y eut 265 cas d'ivresse publique au lieu de 155, soit une augmentation de 68 p. 100; de même à Orenbourg, etc.

Le professeur Friedmann, qui vient d'être nommé directeur des contributions indirectes, dans son important ouvrage sur le monopole de l'alcool en Russie, reconnait que le monopole a augmenté l'ivrognerie en Russie.

Le monopole avait pour but de supprimer la consommation sur place et il l'avait réjetée dans la rue. Rien de plus curieux que l'effarement des comités de tempérance, en constatant ce résultat. Ils cherchaient comment établir la consommation sur place dans de bonnes conditions. Ils se préoccupaient d'ouvrir aux buveurs d'alcool des tratkirs, établissements où l'on mange des tartines en buvant des boissons chaudes, mais d'où l'alcool était proscrit. Dans les brasseries l'alcool était aussi proscrit. Le moujik apportait sa fiole en cachette et en mélangeait le contenu à la bière. Les comités de tempérance cherchaient en vain de quelle manière régulariser ces fraudes.

Cependant si ironiques qu'eussent être été les conséquences de cette institution, le ministre des Finances

1. V. Bulletin de l'*Institut général de psychologie*, octobre 1903. Le monopole en Russie par M. Yourévitch.

l'étendit au 1er janvier 1898 à un territoire de 1.800.000 kilomètres carrés, comprenant 50 millions d'habitants.

En 1904 quand le comte Vitte fut remplacé par M. Kokowsov le monopole englobait toute la Russie.

Si le nombre des débits augmentait, les cas de fraude augmentaient aussi : de 6.000 en 1897, ils passaient à 48.000 en 1909[1]. Les prix furent augmentés, mais ne diminuèrent pas la consommation, de 72 millions de vedros en 1904 (5.600.000 hectolitres) elle serait passée en 1913 à 104 millions (13 518.000 hectolitres). La consommation par tête avait passé de 0,49 vedros par tête, moyenne de la période 1904-1908 à 0,61 vedros, moyenne 1909 à 1913, soit de 2l,51 à 3l,01. Le titrage de la vodka à 40° est une erreur. Tandis que la forte sensation de l'alcool est éprouvée dans l'absorption d'un verre d'eau-de-vie à 50 ou 55 degrés, le buveur ne la trouvant pas dans le premier verre d'une boisson à 40 degrés, la cherche dans un second verre et peut se laisser entraîner indéfiniment sans trouver autre chose que l'ivresse.

Volontiers les partisans du monopole Russe le représentaient comme ayant un but moral et non un but fiscal. Cependant le régime du monopole, loin de faire prendre au russe l'habitude de boire régulièrement de l'alcool à doses modérées, avait aggravé ses accès de boisson. Ce ne sont pas seulement les moujiks qui ont ce défaut.

Un roman célèbre, dont je ne me rappelle pas le titre, débute en montrant un jeune homme monté sur le

1. V. Le monopole de l'alcool en Russie. Communication par M. Letort à *la Société d'Économie politique*. (V. *Journal des Économistes*, juin 1917).

bord d'une fenêtre, buvant par bravade un litre de rhum d'un seul coup. Un officier d'artillerie français a publié, il y a quelques années, un volume intitulé : *Mon régiment*. Ayant été affilié à un régiment russe, il était allé lui rendre visite. Il raconte qu'en son honneur, ses officiers organisèrent une buverie dont on l'engagea à se méfier : et la description qu'il en fait prouve que le conseil était sage.

A voir certains Russes boire du champagne à Paris, des naïfs croient que ce sont de bons clients. En 1913, ils en avaient acheté 8.700 hectolitres, tandis que la Belgique en avait acheté plus de 60.000 et la Grande-Bretagne plus de 59.000 hectolitres.

Les Russes ne boivent régulièrement ni vin, ni eau-de-vie. « Leur joie de boire » est spasmodique.

Naturellement, les prohibitionnistes ont beau jeu. Ils dénoncent avec véhémence les scandales de l'ivresse publique, aggravée par le monopole, et ils ne se heurtent pas à la résistance que présenterait des habitudes inhérentes à la vie quotidienne.

Le comte Vitte, qui cherchait un moyen de revenir au pouvoir, dénonça la gestion de M. Kokovtso comme trop fiscale. L'empereur Nicolas renvoya M. Kokovtso et, par un rescrit du 30 janvier 1914, dit à M. Bark, le nouveau ministre des Finances, que « la prospérité financière de l'Empire ne peut plus longtemps reposer sur la destruction des énergies spirituelles et productives d'une foule de ses loyaux sujets... surtout depuis qu'à la fois la Douma et le Conseil d'Empire ont porté intérêt à cette situation en s'occupant de la revision du régime de l'alcool ».

M. Letort dit qu'à ce rescrit répondit d'un bout à

l'autre de la Russie une extraordinaire poussée de véritable rage antialcoolique. C'est un hydromane qui constate ce fanatisme qu'il admire. On ferma 1.149 débits.

La guerre éclate. Le grand-duc Nicolas, généralissime, ordonne la fermeture immédiate, pendant la durée de la mobilisation, non seulement pour les troupes comme le fait l'Allemagne au même moment, mais pour toute la population civile aussi, de tous les débits même de vin et de bière, sauf les établissements de luxe. Cette mesure temporaire est prorogée et accentuée par la suppression des exceptions. Un règlement de prohibition est adopté par le Conseil des ministres du 26 octobre 1914 et confirmé par le tsar. C'est le régime actuellement en vigueur. Pour la vodka, les boutiques du monopole demeurent fermées. Pour tous les autres boissons, les autorités militaires, suivant le cas, et ailleurs les autorités provinciales ou locales reçoivent la faculté d'option locale jusqu'à la fin de la guerre. Elles en ont usé en nombre, les grands centres en tête, Petrograd, Moscou, Kharkov, Kiev, Odessa, etc... Cinquante deux villes au 1er novembre 1914 s'étaient prononcées pour la durée de la guerre « et si possible pour toujours », quinze jusqu'à la fin des hostilités.

Le 30 juin 1916, enfin, la Douma aurait voté la prohibition nationale pour l'après guerre de toutes les boissons quelles qu'elles fussent, exception faite pour les vins qui demeurent soumis à l'option locale.

La *Ligue nationale contre l'alcoolisme* exulte que la mesure ait empêché des cas d'ivrognerie, soit ; mais je me demande si la privation de tout alcool dans la ration des troupes a développé leur énergie et leur puissance de résistance. Est-ce que leur ration quotidienne leur fournit régulièrement le nombre de calories indispensable ?

Voilà un point que les exaltés de la *Ligue nationale contre l'alcoolisme* n'ont pas examiné et n'examineront pas, et cependant il est essentiel.

Le monopole russe n'avait eu qu'un succès : de fortes recettes pour le Trésor.

CHAPITRE III

M. ALGLAVE ET SA BOUTEILLE MAGIQUE

En France, nous ne sommes encore qu'aux projets de monopole. L'idée de monopole a été propagée en France par M. Emile Alglave, professeur à la Faculté de droit de Paris.

Vers 1880, il entreprit une campagne fondée sur l'affirmation d'un miracle. Pour que son monopole pût fonctionner, il parlait d'une bouteille magique qui pouvait se vider et ne pouvait jamais se remplir. Il parlait de sa bouteille, inoculait des cobayes avec des essences, et après avoir attiré l'attention de ses auditeurs sur les cobayes, il leur disait triomphalement :

— Vous avez vu ma bouteille ?

Habituellement les prestidigitateurs montrent quelque chose, une omelette dans un chapeau, des petits drapeaux qui sortent de leur manche. M. Alglave avait cette supériorité sur eux, c'est qu'il ne montrait rien; et basant tout son système sur ce rien, il affirmait qu'il fournirait 1 milliard, 1.500 millions à l'État.

Mon ami, A. Neymarck, avait calculé que si les réformes qui devaient sortir de la bouteille de M. Alglave prenaient jour, il ne faudrait pas ajouter un milliard, mais une dizaine de milliards au budget annuel.

Projets de monopole au Parlement. — A la Chambre des

députés, la première proposition de monopole fut déposée par M. Maujan, le 13 mai 1891 ; M. Guillemet en déposa une autre en 1893, précédée d'un gros rapport, qu'il réédita en 1897 et 1898 avec des variantes diverses.

Les socialistes qui veulent supprimer toute industrie libre, avaient naturellement mis le monopole de l'alcool au rang de leurs revendications.

M. Vaillant le réclama, en 1892, au Conseil municipal de Paris. Le 6 juin 1895, il en fit voter « le principe » par la Chambre des députés à une majorité de 82 voix. Ces votes de principes ne sont que des vœux de réunion publique ou de conseils généraux, bons à amuser les badauds. Le lendemain, M. Jaurès pouvait s'écrier :

— C'est M. Vaillant qui est le véritable inventeur, le véritable promoteur du monopole de l'alcool : c'est lui que la Chambre a suivi lorsqu'elle a émis ce vœu. Mais, le 20 novembre 1900, la Chambre repoussa par 423 voix contre 101 une nouvelle proposition de M. Vaillant ainsi conçue :

> Le monopole de l'alcool est établi par l'organisation nationale de la rectification.

Toutefois la Commission du budget de 1903 fit insérer dans la loi des finances un article 24 *d* ainsi conçu :

> A partir du 1er janvier 1905 l'État aura le monopole de la fabrication, de la rectification, de l'importation et de la vente de l'alcool.

Il y eut à ce moment une explosion de projets de monopole dont les plus retentissants furent celui de M. Astier et celui de M. Jaurès.

M. Astier avait peur qu'on fabriquât de l'alcool synthétique à 12 francs. Donc il fallait que l'État préservât les Français de ce progrès en l'annihilant par son monopole.

L'article 38 de la proposition de M. Jaurès spécifiait que l'État vendrait l'hectolitre d'alcool au prix uniforme de 320 francs en sus du coût de fabrication et de l'annuité du rachat. Il proclamait l'égalité devant le prix de la fine champagne grand bois et de l'alcool de betterave.

« Pour les œuvres sociales urgentes », M. Jaurès demandait « l'institution de grands monopoles fiscaux, le monopole de l'alcool, le monopole des assurances, etc. »

CHAPITRE IV

LES COMMISSIONS EXTRA-PARLEMENTAIRES

En 1887, fut constituée une grande commission extra-parlementaire dont M. Léon Say fut le président et le rapporteur général. J'extrais de son important rapport le passage suivant qui est toujours digne d'être médité.

Prenant le chiffre de 800 millions promis comme bénéfice du monopole, il posait ce dilemne : ou bien ils seront le produit d'une industrie et d'un commerce qu'il aurait fallu exproprier auparavant et dont les bénéfices actuels atteindraient ce chiffre ; en les achetant au denier douze, on ajouterait 9.600 millions à la dette publique ; ou bien ils constitueraient une confiscation, d'une valeur égale, sur une catégorie de citoyens qu'on aurait privés des moyens de pourvoir à leur existence.

En 1904, M. Raphael-Georges Levy fut le rapporteur de la 4e sous-commission de la Commission extra-parlementaire, chargé d'étudier la question du monopole. Il fut repoussé à l'unanimité, moins la voix de M. Laterrade sénateur du Gers qui expliqua franchement les motifs de son vote en faveur du monopole.

Il déclara que les viticulteurs de l'Armagnac ne

brûlaient plus; si l'État avait le monopole, il serait bien forcé de leur acheter leur production.

Dans la conception de beaucoup de ceux qui demandent le monopole de l'alcool, l'État serait un client obligatoire, mais contraint. Ils s'imaginent qu'ils pourraient produire indéfiniment et que l'État serait obligé de leur acheter. Ils s'imaginent qu'ils pourraient utiliser leurs fruits avariés, leurs marcs, tous leurs déchets et que l'État devrait toujours, toujours leur acheter. On saurait bien le forcer. A quoi serviraient donc les députés s'ils ne savaient pas contraindre l'État à acheter toujours et à acheter toujours cher les produits de la distillerie de leurs électeurs?

Et si le projet actuellement soumis au Parlement a abandonné le monopole des alcools de vin et de fruits, nous allons y trouver des illusions et des exigences du même genre.

CHAPITRE V

LE PRIVILÈGE DES BOUILLEURS DE CRU[1]

L'article 8 de la loi des finances du 8 juillet 1837 en donne la définition suivante :

Seront seuls considérés comme bouilleurs de cru, et continueront à être exempts, à ce titre, du paiement de la licence, ainsi que des obligations imposées par le chapitre 6 de la loi du 28 avril 1816, les propriétaires ou fermiers qui distilleront exclusivement des vins, cidres ou poirés, marcs et lies provenant de leur récolte.

Les cerises et les prunes furent ajoutées l'année suivante à cette nomenclature.

De 1830 à 1855, le droit sur l'alcool n'était que de 37 fr. 40 ; or, en 1849, M. Bocher, dans un rapport célèbre, disait :

Cette franchise donne lieu a beaucoup d'abus et sert à alimenter une très grande fraude. Des quantités considérables achetées par les marchands aux bouilleurs de cru, chez lesquels l'administration n'a aucun accès, que souvent même elle ne connaît pas, et transportées clandestinement, parviennent sans peine jusque dans les magasins des débitants, jusqu'à la porte des villes où elles sont ensuite introduites.

Le privilège des bouilleurs de cru ne fut pas abrogé :

1. V. pour plus de détails, *Journal des Économistes*, juillet 1916.

le droit sur l'alcool fut porté à 60 francs en 1855, à 90 francs en 1860; c'était une augmentation de la prime à la fraude.

Quand en 1871, le droit sur l'alcool fut élevé à 150 francs, M. Pouyer-Quertier proposa de soumettre les bouilleurs de cru aux mêmes obligations que les bouilleurs de profession.

Mais le même M. Bocher, devenu défenseur des bouilleurs de cru, fit rejeter, le 29 août 1871, le projet du ministre des Finances. L'impôt dont on avait évalué le produit à 14 et 15 millions n'en donna que 10.

L'Assemblée adopta, par 389 voix contre 125, la loi du 8 août 1872, ainsi conçue :

ARTICLE PREMIER. — Tout détenteur d'appareils propres à la distillation d'eaux-de-vie ou d'esprits est tenu de faire, au bureau de la Régie, une déclaration énonçant le nombre et la capacité de ses appareils.

La consommation de famille exempte était de 40 litres d'alcool pur. Elle fut réduite à 30 litres par la loi du 21 mars 1874.

Mais les partisans du privilège des bouilleurs de cru ne cessèrent point de réclamer l'abrogation de cette loi. A la veille de sa séparation, la majorité de l'Assemblée nationale pensa qu'elle devait faire précéder la période électorale en le rétablissant.

Le 14 décembre 1875, elle le vota. L'intérêt fiscal fut sacrifié à un intérêt politique.

La suppression du privilège des bouilleurs de cru, malgré l'énorme déduction de 40 litres par famille, puis de 20 litres. n'en avait pas moins donné des résultats très positifs.

Dans les trente et un départements où se trouvaient le plus grand nombre des bouilleurs de cru, l'augmentation de la production de l'alcool avait été de 47 p. 100, tandis que dans les douze départements où il n'y avait que des distilleries industrielles, l'augmentation de la production n'avait été que de 8 p. 100.

La quantité d'alcool taxé en 1869, déduction faite de l'Alsace et de la Lorraine, avait été de 916.000 hectolitres; en 1872, elle était tombée à 755.000 hectolitres.

Puis intervient la loi du 2 août 1872 : malgré les mauvaises récoltes de 1873 et de 1874 nous trouvons, en 1873, 934.000 hectolitres ; en 1874, 964.000 hectolitres.

La loi n'avait pas supprimé les bouilleurs de cru; en 1872, la Régie en avait constaté 167.000; en 1874, elle en constatait 278.000.

Dans les années qui suivirent le rétablissement du privilège des bouilleurs de cru, avec le droit de 156 francs par hectolitre, la fraude augmenta.

En 1888, rapporteur général du budget, dans la séance du 13 mars 1888, je disais à la Chambre des députés[1]:

> Je ne me lancerai pas dans la discussion de savoir si distiller ses produits est de droit naturel, je crois qu'il est excellent que chacun puisse faire de ses produits tout ce qu'il veut. Mais si vous me dites que le privilège des bouilleurs de cru est de droit naturel, par cela même vous devez reprendre l'amendement de M. des Rotours, déposé en 1875, et qui demandait que ce privilège fût étendu à tous ceux qui distilleront des grains, des pommes de terre, des topinambours, des maïs! Voilà la conséquence logique du privilège des bouilleurs de cru. (*Interruptions. Très bien! très bien! sur divers bancs.*)

1. Voir mon rapport du 12 mars.

L'oserez-vous?

On a encore fait valoir des considérations politiques pour le maintien du privilège des bouilleurs de cru. On exagère peut-être le nombre des départements qui sont intéressés dans cette question ; si vous consultez le tableau de l'administration de 1873-1874, vous trouverez qu'il y a 49 départements qui sont complètement désintéressés dans la question des bouilleurs de cru, 49 départements dans lesquels il n'y a pas de bouilleurs de cru ou, du moins, dans lesquels il n'y en a qu'une quantité infinitésimale.

Dans d'autres départements, les bouilleurs de cru sont nombreux : il y en avait, en 1873-1874, 24.000, dans le département de l'Yonne, ils sont aujourd'hui au nombre de 50.000, paraît-il.

M. René Laffon. — Au nombre de 60.000 !

M. Le Rapporteur général. — Remarquez, messieurs, que plus vous augmenterez le nombre des bouilleurs, et plus vous donnerez d'arguments contre votre thèse, car alors, je vais vous demander, et je vais demander à M. le directeur des contributions indirectes, combien le département de l'Yonne rapporte au Trésor de droits sur l'alcool. (*Très bien ! et vifs applaudissements sur divers bancs à gauche.*)

M. René Laffon. — Il ne rapporte pas beaucoup, parce que les propriétaires consomment leur alcool.

M. Gaudin de Villaine. — Les chiffres des droits payés ne prouvent rien.

M. le Rapporteur général. — Je termine par cette dernière considération.

On a invoqué un intérêt républicain en faveur du maintien du privilège des bouilleurs de cru...

M. René Laffon et plusieurs de ses collègues. — Assurément !

M. Le Rapporteur général. — A mon tour, j'invoquerai un argument républicain pour réclamer la suppression du privilège des bouilleurs de cru. Je dis qu'au point de vue de la moralité fiscale, il n'y a pas un exemple plus déplorable à donner que celui qui entretient, qui sert à alimenter la fraude (*vifs applaudissements*), qui donne une prime au commerce malhonnête sur le commerce honnête. (*Nouveaux applaudissements.*)

Comment! nous nous réclamons du principe d'égalité ; nous représentons aux yeux des populations l'idéal le plus généreux, et, en même temps, nous allons maintenir un privilège qui servira à faire des fortunes... (*Exclamations et dénégations sur divers bancs. — Oui! très bien! et applaudissements sur divers bancs.*)

Voulez-vous que j'entre dans des détails! Eh bien! soit.

La fortune des bouilleurs de cru se fait par quatre moyens.

. . . .

J'entrai dans l'exposé des moyens de fraude et je terminai en disant :

M. LE RAPPORTEUR GÉNÉRAL. — Je considère, après M. Sadi Carnot, qui avait escompté la suppression du privilège des bouilleurs de cru dans son projet de budget de 1887, après M. Rouvier qui l'avait prévue dans sonbudget de 1888, qui a nommé une commission extra-parlementaire ayant pour but d'organiser cette suppression, après M. Tirard, qui a escompté de nouveau la suppression des bouilleurs de cru dans son projet rectifié, je considère, dis-je, avec tous ceux qui ont le véritable souci d'assurer la perception correcte de l'impôt, que le droit sur l'alcool ne doit pas être une prime à la fraude, et que tant que vous le maintiendrez, il implique la suppression du privilège des bouilleurs de cru. (*Très bien! très bien! et vifs applaudissements sur divers bancs.*)

. . . .

M. LE PRÉSIDENT. — Je donne lecture du paragraphe 2 :

« § 2. — Nul ne peut se livrer à la fabrication de l'eau-de-vie, esprits et alcools de toute nature sans en avoir fait préalablement la déclaration au bureau de la Régie.

« Il est donné au producteur un récipissé de déclaration.

« Le produit effectif de la fabrication est mis en compte et devient passible des droits, défalcation faite des quantités vendues en vertu d'expéditions régulières et après allocation de la déduction réglementaire pour outillage, coulage et déchets de magasins. »

Le résultat du scrutin fut : pour l'adoption, 282; contre, 219. Le privilège des bouilleurs de cru était supprimé à 63 voix de majorité.

Mais ce vote était le résultat d'un entraînement de séance. La nuit porta de mauvais conseils à un certain nombre de députés ; et le soir du 14 mars, il ne restait rien du vote de la veille.

La question fut de nouveau agitée ; mais ceux des ministres des Finances qui représentaient des départements de bouilleurs de cru mettaient leur situation électorale au-dessus des intérêts fiscaux et moraux.

La loi du 29 décembre, portant le droit sur l'alcool à 220 francs maintint l'exemption de déclaration pour les bouilleurs de cru ordinaires, mais la prescrivit pour ceux qui, faisant usage d'appareils à marche continue, pouvaient distiller par vingt-quatre heures plus de 200 litres de liquide fermenté ou d'alambics ordinaires d'une contenance totale supérieure à 5 hectolitres.

La consommation de l'alcool taxé diminua : la prime avait produit son effet. M. Rouvier obtint le vote de la loi du 31 mars 1903 dont l'article 18 obligeait à la déclaration quiconque « se livre à la fabrication ou au repassage des eaux-de-vie, esprits et liquides alcooliques de toute nature.

« Les bouilleurs de cru ont la faculté d'acquitter immédiatement les droits. Dans ce cas ils bénéficieront d'une allocation en franchise de 10 p. 100 sans que cette allocation puisse être inférieure à 20 litres d'alcool pur. »

Dès qu'elle fut appliquée, la loi fut attaquée avec violence. La récolte en vins ayant été de 66 millions d'hectolitres en 1904, et celle en cidres, de 41 millions d'hectolitres, l'activité des bouilleurs redoubla ainsi que leurs récriminations. Ils obtinrent encore un certain nombre de concessions contenues dans les articles 11 et 18 de la loi de finances du 22 avril 1905.

La loi du 23 décembre 1905 accorda une amnistie aux bouilleurs de cru et aux bouilleurs ambulants pour les contraventions commises jusqu'au 1er juin 1905, sauf pour les condamnations entraînant des pénalités supérieures à 1.000 francs.

Les élections avaient lieu en 1906. La Chambre des députés rétablit le privilège des bouilleurs de cru sur un amendement de M. Coutant. M. Rouvier, alors président du Conseil, y fit quelque opposition ; mais une fois que la Chambre l'eut voté par 317 voix contre 211, il crut que l'intérêt politique lui commandait de rétablir le privilège qu'il avait condamné comme ministre des Finances, et il demanda au Sénat de le voter, en raison de la nécessité d'obtenir de la Chambre le vote des douzièmes provisoires et d'avoir un budget avant les élections. Le Sénat se laissa facilement convaincre et ratifia le vote de la Chambre par 207 voix contre 67. L'article unique de la loi du 27 février 1906 portait :

> Les propriétaires distillant des marcs, vins, cidres et poirés, prunes, cerises, prunelles et lies, qui proviennent exclusivement de leurs récoltes, sont dispensés de toute déclaration préalable et affranchis de l'exercice

Par la loi de finances du 17 avril 1906, les bouilleurs de cru, distillant hors de leur domicile, acquirent la faculté d'authentifier leurs eaux-de-vie par l'acquit blanc avec certificat d'origine au même titre que les distillateurs de profession, qui opèrent sous la surveillance constante de la régie ; par l'article 11, ils purent ramener chez eux, en franchise, leurs eaux-de-vie distillées au dehors, sans autre formalité que la prise d'un acquit-à-caution de 10 centimes, tandis qu'auparavant, tout déplacement de ce genre entraînait l'exigibilité des droits ou la prise en charge. Cette législation donna au privilège des bouilleurs de cru une nouvelle extension.

Comme la loi du 14 décembre 1875 rétablissant le privilège des bouilleurs de cru, ces diverses mesures avaient été prises à la veille d'élections.

La prime avait augmenté en 1900; ce renforcement du privilège des bouilleurs de cru était une provocation à la fraude.

Alors on retrouve cette erreur de méthode si fréquente en matière législative et politique : essayer de supprimer les effets en maintenant la cause. On renforça la législation sur la fraude.

D'après un travail, publié par le ministre des Finances[1], le nombre total des bouilleurs de cru aurait suivi la progression suivante :

1869	1880	1890	1900	1913
90.869	443.930	534.219	923.910	1.070.451

La Régie prétend que la loi ne lui donnait aucun moyen de connaître les bouilleurs de cru. Si elle ne les connaissait pas, elle ne pouvait les énumérer à une unité près. Ces chiffres ne sont donc qu'approximatifs.

M. Ribot, ayant porté dans son projet des troisièmes douzièmes provisoires de 1916, le droit sur l'alcool à 400 francs, demanda la suppression du privilège des bouilleurs de cru, et à la suite de débats passionnés, les dispositions suivantes de l'article 4 de la loi du 30 juin 1916 furent adoptées.

1. *Bulletin de statistique*, avril 1916.

Toute distillation de vins, cidres poirés, marcs, lies et fruits, doit être opérée : 1° soit en atelier public établi conformément à l'article 12 de la loi du 22 avril 1905 ; 2° soit par des associations coopératives fonctionnant dans les conditions de l'article 22 de la loi du 31 mars 1903, ou par des bouilleurs de cru ou de profession distillant ou faisant distiller chez eux sous le contrôle de la régie, sous réserve que ces associations ou ces bouilleurs soumettront à la prise en charge une quantité minimum de 200 litres d'alcool pur par campagne ou payeront les droits sur la différence. Les quantités produites seront intégralement passibles de l'impôt, sous réserves des déductions accordées aux entrepositaires. Il en sera de même pour les stocks possédés par les bouilleurs de cru qui distilleront chez eux. Les récoltants qui voudraient acquitter l'impôt immédiatement après la distillation bénéficieront d'une remise de 10 p. 100. Les bouilleurs de cru et les associations coopératives ne sont pas soumis à l'impôt de la licence, Tout exploitant de terrains plantés en vignes ou en arbres fruitiers, qui prouvera qu'il a distillé ou fait distiller partie de ses récoltes du 1er janvier 1910 au 1er janvier 1916, aura droit, sur sa distillation annuelle, à une allocation en franchise de 10 litres d'alcool pur.

Dans le cas où un exploitant remplissant les conditions susdites serait décédé postérieurement au 2 août 1914, le même droit appartiendra au conjoint survivant.

L'administration des contributions indirectes évaluait le nombre des bouilleurs de cru en 1913 à plus d'un million. Si chacun gardait 10 litres d'alcool cela ferait 100.000 hectolitres. Or, l'évaluation de la production des bouilleurs de cru non contrôlée était pour 1913 de 220.000 hectolitres. Il ne resterait donc que 120.000 hectolitres soumis à la taxe de 400 francs. Le produit serait de 48 millions.

Dans le discours qui aboutit le 13 mars 1888 au vote de la suppression du privilège des bouilleurs de cru, je ne m'étais placé qu'au point de vue de l'égalité fiscale. Ce n'est pas le point de vue des anti-alcoolomanes ; mais cette mesure pourrait leur apporter des déceptions, à en juger par le fait suivant.

Le Calvados a toujours été un département célèbre par le grand nombre de ses bouilleurs de cru : 1869, 4.499 ; 1890, 14.521 ; 1900, 25.072 ; 1913, 28.283.

Or, ce département est un de ceux où la consommation d'alcool taxé par habitant est la plus élevée.

1913	Par habitant. Quantités imposées.	Par habitant. Impôt constaté.	Spiritueux de toute nature et vins alcoolisés. (Quantités en alcool pur.)
	litres	francs	
Ensemble de la France (moyenne)	3,94	9,13	359.044.000
Calvados	9,87	22,24	8.813.687

Le chiffre de l'impôt constaté par habitant n'est dépassé que dans le département de la Seine-Inférieure, où il atteint 28 fr. 98.

Par conséquent la consommation en franchise de l'alcool du bouilleur de cru se double de la consommation d'alcool taxé et la suppression du privilège ne diminuera pas celle-ci.

CHAPITRE VI

LE DERNIER PROJET DE MONOPOLE

(8 juin 1917).

§1. *Le système.* — Sous la législation actuelle, la commission de la législation fiscale a adopté un système qui a fait l'objet d'un énorme rapport, où l'on trouve à chaque page la collaboration des contributions indirectes, déposé le 11 avril 1916. Son signataire est M. Tournan, député du Gers; et il vient, le 8 juin 1917, de déposer un rapport supplémentaire, sur sa propre proposition, sur celle de M. Edouard Barthe, député de l'Hérault attribuant à l'Etat le monopole de la fabrication de l'alcool et sur celle de M. Emmanuel Brousse, député des Pyrénées-Orientales, tendant à instituer le monopole de l'alcool d'industrie en faveur de l'Etat et à réglementer la consommation des boissons alcooliques. Ces trois députés appartiennent aux régions produisant de l'alcool de vin, de lies et de marcs.

Voici, d'après le dernier rapport de M. Tournan, les solutions proposées pour le *problème de l'alcool.*

Celle de la législation fiscale (rapport 2.034) établit un monopole d'Etat pour l'alcool d'industrie, monopole embrassant la fabrication industrielle, la rectification et la vente, laissant subsister les distilleries agricoles, d'autre part, supprimant moyennant certaines compensations, le privilège des bouilleurs de cru.

La Commission de l'agriculture (rapport Barthe, n° 2165) a accepté les grandes lignes de ce système; mais elle estime que les distilleries agricoles doivent rester soumises au régime actuel avec la simple obligation de livrer tous leurs flegmes au monopole et que la création de nouvelles distilleries doit demeurer libre.

La Commission des boissons (rapport Hubert Rouger, n° 2210) se rallie au système de la commission de législation fiscale sans aucune réserve.

La Commission de l'hygiène publique (rapport Schmidt, n° 2301) demande que le futur monopole comprenne seulement la production et la vente de l'alcool industriel, mais aussi la vente au détail de tout l'alcool. Les 480.000 débits de boissons existants seraient supprimés et remplacés par 50.000 à 100.000 établissements exploités soit directement par l'Etat, soit par des sociétés spéciales dont les bénéfices seraient consacrés à des œuvres anti alcooliques.

Enfin la Commission du budget (rapport Bouffandeau, n° 2943) se prononce pour la limitation du monopole à l'achat et à la vente de l'alcool industriel. Elle estime que l'Etat ne doit pas se charger de la fabrication, même réduite, comme le proposait la Commission de la législation fiscale, de l'alcool qui ne serait pas produit par les distilleries agricoles.

Ces Commissions ont nommé une délégation chargée de préparer un texte transactionnel susceptible d'être accepté par toutes.

Tous ces projets ont pour but : 1° de restreindre sinon de supprimer la consommation comme boisson de l'alcool dit d'industrie; 2° en même temps de lui assurer un débouché indéfini dans l'intérêt de la culture de la betterave de distillerie.

En 1912-1913, 71.184 hectares, emblavées en betteraves pour la distillerie, ont produit 2.062.000 tonnes de racines. Si on devait les envoyer aux sucreries, ce serait une crise agricole, dit M. Bouffandeau avec effroi (Rap. N° 2943).

Immédiatement apparait la contradiction du système ; on veut sous prétexte d'hygiène, en réalité pour protéger l'alcool de vin, restreindre la consommation de l'alcool dit d'industrie : mais en même temps, ces messieurs du Gers, de l'Hérault et des Pyrénées-Orientales se montrent pleins de sollicitude pour les cultivateurs de betteraves du Nord et affirment qu'ils vont créer « des débouchés à l'alcool que les buveurs n'absorberont plus ».

M. Tournan dit :

> Ce résultat ne sera obtenu que si l'on assure la vente de l'alcool dénaturé à un prix très bas et d'une fixité suffisante pour lui permettre de lutter avantageusement contre le pétrole, l'essence et le benzol. Or, l'on n'y peut parvenir *qu'en cédant l'alcool dénaturé à perte au consommateur* lui-même, quitte à se dédommager par un renchérissement correspondant de l'alcool-boisson. Seul un monopole de vente de l'alcool industriel peut jouer ce rôle nécessaire.

Alors la question se pose : l'organisation « d'un puissant syndicat », d'un cartell à la mode allemande ou une administration d'Etat.

Naturellement le Gouvernement a conclu au monopole d'état : augmentation d'attributions, fonctions à prendre, et les commissions de la Chambre des députés, imprégnées de socialisme et d'étatisme, ont approuvé.

Le Gouvernement, dans le projet de loi sur le régime de l'alcool déposé le 26 août 1915 ne prévoyait que la dénaturation et la vente en gros de l'alcool destiné à l'industrie. L'alcool, acquis par des adjudications ou par des marchés de gré à gré, devait être vendu au détail à un prix fixé par décret pour une période de cinq années et calculé de manière à couvrir le prix d'achat et les frais de conservation et de vente. Ce projet ne donnait pas de prime à l'alcool industriel, et il ne pouvait en abaisser le prix dans la mesure exigée par la concurrence pour « lutter contre des hydrocarbures rivaux ». Et il faut donner une prime à l'alcool industriel pour que les industriels en usent, s'il est inférieur comme qualité, pour remplacer le pétrole, l'essence et la benzine.

Mais on ne produit pas seulement de l'alcool industriel avec des betteraves : on en produit aussi avec des grains. Un droit a été établi sur le maïs pour protéger la distillerie de la betterave contre cette matière première concurrente. Cela ne suffit pas. Alors la commission fiscale demanda que le monopole ne concernât pas seulement la vente, mais organisât aussi la production de manière à protéger « les cultures betteravières » en « écartant les substances étrangères jusqu'à complet épuisement de nos produits nationaux ».

Dans ce système, le monopole n'aurait pas produit cependant tout l'alcool; les deux tiers auraient été produits par les distilleries agricoles, le monopole aurait produit le dernier tiers provenant « des substances étrangères. » Tout l'alcool industriel, y compris les flegmes provenant des distilleries agricoles, aurait été vendu par les soins du monopole.

Mais le Gouvernement a été effrayé lui-même de la responsabilité que lui ferait encourir la fabrication; la commission du budget a reculé aussi :

Les représentants des groupements agricoles intéressés à la betterave s'y sont montrés également hostiles...

Dès lors, pour obtenir l'accord nécessaire, la délégation des commissions a décidé de ne confier au monopole que l'achat et la vente de l'alcool industriel.

Le monopole pourra néanmoins favoriser nos matières premières nationales en établissant des prix d'achat plus élevés que pour les alcools d'autres provenances Et il réalisera l'essentiel de la réforme projetée, l'abaissement et la stabilisation du prix de l'alcool dénaturé et, par suite, malgré la diminution escomptée de la consommation de bouche, il assurera l'écoulement de tout l'alcool fabriqué dans notre pays.

Quelle sera la forme de ce monopole ? Le Gouvernement aurait voulu le constituer « sur le modèle des monopoles d'Etat déjà existants : postes, télégraphes, téléphones, tabacs, allumettes ».

Mais « la délégation des Commissions a jugé indispensable de protéger la nouvelle institution contre les routines administratives, d'en faire un organisme vivant, capable de se suffire à lui-même ».

Et elle a institué un monopole indépendant.

§ 2. *Ses contradictions.* — Restreindre la consommation de l'alcool de betteraves au profit de l'alcool de vin : encourager à la fois la distillerie du vin et la distillerie de la betterave ; subordonner les besoins des consommateurs aux convenances des producteurs. C'est le système protectionniste dans toute sa beauté : et dans ce cas particulier, en voici les conséquences.

Le droit de consommation de 600 francs ferme un débouché naturel qui est la consommation humaine. C'est le triomphe des anti-alcooliques.

Mais pour protéger la culture de la betterave de distillerie, il entend ouvrir un débouché factice.

En 1913, voici quelle était la production de l'alcool.

	Hectolitres.
Substances farineuses	429.000
Mélasses	406.700
Betteraves	1.559.600
Vins	98.700
Cidres et poirés	11.600
Marcs et lies	25.500
Fruits	500
Substances diverses	2.000
Importation	181.500
Total de la production contrôlée et des importations	2.915.400

Bouilleurs de cru (évaluation) :

Vins	11.000
Cidres et poirés	118.000
Marcs et lies	80.000
Fruits	11 000
Total de la production non contrôlée	220.000
Total général	3.135.000

Emplois contrôlés :

Quantités soumises au droit de consommation	1.558.200
— à la dénaturation	724.200
— converties en vinaigre	50.400
— représentant les manquants couverts par la déduction des marchands en gros	91.500
— employées au vinage	95.400
Décharges pour creux de route	3.000
— pour pertes, avaries, etc.	3.400
— à titre de déficit de rendement	22.400
Exportation	299.300
Total des emplois contrôlés et des exportations	2.847.900
Quantités consommées en franchise chez les bouilleurs de cru	190.000
Total général des emplois et des exportations	3.037.900

Stocks à la fin de l'année	2.515.300
— chez les bouilleurs de cru non contrôlés	177.000
	2.692.300

Tout le système du monopole est construit sur l'hypothèse suivante, très bien exposée dans le rapport de M. Bouffandeau.

On a employé en 1913, à des usages industriels et aux besoins domestiques, 724.000 hectolitres, dont 512.000 hectolitres au chauffage et à l'éclairage; 16.500 aux vernis; 1.000 à la chapellerie; 1.000 à l'ébénisterie; 1.800 aux matières plastiques ; 1.000 aux teintures et couleurs 853 ; à la présure liquide 196; au collodion 893; à la soie artificielle 293 ; au chloroforme 529 ; au chloral 88; aux produits chimiques et pharmaceutiques 4.715; à des usages scientifiques 332; aux éthers, fulminate de mercure, explosifs 167.823.

Il n'y a que deux gros chiffres dans ces emplois. Doublerait-on tous les autres, on n'arriverait pas à utiliser les 1.559.000 hectolitres d'alcool de betteraves auxquels il faut ajouter les 607.000 hectolitres d'alcool de mélasses.

L'expansion du mode d'éclairage, dit M. Bouffandeau, est possible. Elle dépend du prix...

Il ajoute :

L'alcool moteur peut seul offrir de larges débouchés à la distillerie agricole, partant, assurer l'avenir de la culture betteravière... Les expériences faites permettent d'affirmer que le succès est certain en employant de l'alcool à 96 ou 97 p. 100. Les moins optimistes admettent, d'ailleurs, que la substitution de l'alcool à l'essence réussira toujours dans les moteurs, si l'on accroît le pouvoir carburant de l'alcool par l'addition d'une proportion suffisante de benzol ou d'essence.

Suffisante? Mot bien vague. Quelle proportion? est-ce 25, 50, 70 p. 100? Les auteurs de ces divers projets n'ont garde de serrer la question. Ils reconnaissent qu'actuellement on n'est pas arrivé à faire de l'alcool un carburant d'une puissance égale au pétrole, à l'essence, au benzol. Alors pour engager les industriels, les automobilistes, les consommateurs qui ont besoin d'un carburant, on le leur vendra à un prix au-dessous de son prix de revient : on leur donnera une prime pour se servir d'une matière première de qualité inférieure à celle qu'ils pourraient se procurer en suivant le libre cours du commerce.

Est-ce là une manière de mettre notre industrie en état de supériorité sur des concurrents du dehors?

Il y aura la betterave électorale comme il y a en Suisse, la pomme de terre électorale.

Mais on a vu que les Suisses, en gens prudents, ont limité au maximum de 20.000 hectolitres, l'achat de l'alcool de la pomme de terre nationale. Le système des commissions réunies, ne fixe pas de contingent. L'article 6 dit formellement :

> Le monopole se rendra acquéreur de toutes les quantités produites sous la seule réserve qu'elle répondra aux types et conditions déterminées.

Si en outre, le monopole « est obligé d'acheter des alcools de grains, de substances farineuses et autres provenances, leur prix ne pourra dépasser celui de l'alcool de betteraves ». Le système donne une prime à la production de l'alcool de betterave; il ne comporte pas de limitation; il en résulte que les cultivateurs de betteraves pour distillerie pourront augmenter indéfiniment leur production. Mais et le stock qui en résultera? Quel usage en fera le monopole s'il dépasse la demande?

L'article 4, de la loi du 30 juin 1916 contient un paraparagraphe portant :

Toutes les quantités d'alcool propre à la consommation de bouche et provenant de matières autres (que les vins, cidres, poirés, marcs, lies et fruits), sont réservées à l'Etat qui ne peut les rétrocéder que pour des usages industriels ou médicaux.

Pendant les dix années, 1903-1912, la production totale de l'alcool, à l'exclusion de celle des bouilleurs de cru non contrôlés, était de 2.356.000 hectolitres; en 1913, elle était de 2.734.000 hectolitres, dont 429.000 provenaient de substances farineuses, 607.000 de mélasses et 1.560.000 de betteraves, soit 2.596.000 hectolitres. Il ne reste d'alcool contrôlé que 98.700 hectolitres provenant de la distillation des vins, 11.600 de la distillation des cidres, 25.600 provenant des marcs et lies, 2.600 provenant de fruits et de substances diverses, soit 138.500 hectolitres ou 140.000 en chiffres ronds.

L'État se trouve donc chargé de 2.596.000 hectolitres d'alcool dont il ne peut livrer une goutte à l'alimentation. Que pourra-t-il en faire?

Les auteurs du projet de monopole suppriment cette disposition, mais ils veulent que l'Etat vende l'alcool de bouche 150 francs, prix auquel il faut ajouter le droit de consommation prévu par M. Ribot à 600 francs. Dans ce système c'est cet alcool de bouche qui doit pourvoir au déficit résultant de la vente à perte de l'alcool pour usages industriels ou domestiques. Si cette consommation est restreinte comment s'équilibrera le budget du monopole ?

Si, malgré les primes, la pression gouvernementale et administrative, les industriels préfèrent prendre des hydrocarbures de qualité supérieure, que deviendront les finances du monopole ?

Le Gouvernement et le Parlement, forcera l'emploi de l'alcool dans des usages industriels et domestiques. Prohiberont-ils le pétrole, l'essence, le benzol ? Merveilleux moyen à coup sûr de contribuer au développement industriel de la France.

Mais la fabrication de l'alcool au moyen du carbure de calcium est sortie des laboratoires pour prendre possession du domaine industriel, comme le prouve la convention passée entre la Régie suisse des alcools et l'usine électrique de la Lonza [1]. Voilà un concurrent à l'alcool de la betterave. Le prix de l'alcool est par 100 kilos 100 p. 100 de 53 francs, soit de 40 francs par hectolitre à 95 p. 100. Il pourra baisser encore.

Que fera le monopole ? pour protéger la betterave et encourager l'emploi industriel de l'alcool d'industrie, il vendra à perte de l'alcool de betterave; mais, il devra prohiber l'alcool synthétique qui ferait concurrence à l'alcool de betteraves ; et il achètera de l'alcool de betterave dont le prix ne dépendra pas du prix de revient, mais dépendra des influences politiques que sauront mettre en jeu les cultivateurs de betteraves.

Le monopole sera une barrière contre le progrès industriel et il représentera une charge parasite à ajouter à toutes celles dont nous sommes déjà grevés.

1. Voir *supra*, p. 200.

Je défie ses partisans de répondre à la question suivante : L'alcool synthétique étant d'un prix inférieur à l'alcool de betteraves, le prohiberez-vous ? ou l'achèterez-vous en concurrence avec l'alcool de betterave ? Dans quelle proportion ?

Le système adopté par les Commissions réunies se résume ainsi :

Acheter cher et vendre à bas prix fixe.

C'est le renversement de toute industrie et de tout commerce régulier.

Le prix de revient de l'alcool provenant des betteraves primées ne cessera d'augmenter : le prix de revient réel de la production de l'alcool synthétique baissera : voilà le dilemme.

Le monopole vendra à perte son alcool à l'industrie. Son déficit sera indéfini, car il n'est pas limité par un contingent, et qui doit y pourvoir ?

Le buveur d'alcool, et le buveur d'alcool d'industrie, non le buveur de cognac ou d'armagnac, par conséquent, le buveur qui aura le moins de ressources ; mais les promoteurs de tous ces projets ont déclaré qu'en chargeant l'alcool de droits de 600 francs l'hectolitre, ils espéraient en restreindre la consommation.

Or, c'est sur les bénéfices que donnera la consommation humaine de l'alcool d'industrie vendu 150 francs l'hectolitre que tout l'édifice du monopole est établi. Ou ses auteurs croient qu'il fera triompher « l'antialcoolisme », et alors l'édifice s'écroule. Ou ils croient qu'il ne diminuera pas la consommation, et ils proclament l'hypocrisie de leur argumentation.

LIVRE VII

LE BUDGET DE LA BOISSON

CHAPITRE PREMIER

LES DROITS SUR L'ALCOOL

Gladstone, alors chancelier de l'échiquier, disait en 1864 :

Le principe qui a toujours guidé le Parlement, en ce qui regarde le droit sur l'alcool, est d'imposer sur ce produit le droit le plus élevé qu'on puisse percevoir sans craindre les distillations illicites.

Cependant en 1824, dans le premier budget du libre échange, Huskisson réduisit le droit sur le rhum de 1 1/2 par gallon de manière à le ramener au taux des autres spiritueux produits dans la Grande-Bretagne, Hume aurait voulu une réduction plus forte.

Une telle réduction, dit-il, pourrait avoir d'abord des inconvénients, mais ils ne seraient que momentanés : les classes pauvres se jettent tout d'un coup sur un objet qu'elles trouvent à leur portée, puis elles le négligent. Les Français sont plus sobres que les Anglais » Pourquoi ? parce qu'ils ont du vin et de l'eau-de-vie à leur disposition [1].

1. *Economic annals of the Nineteenth Century by* William Smart ; t. II, ch. XIX. 1824. *The first free trade budget*, p. 193 et 201.

Le droit sur les spiritueux fut porté en 1862, à 477 francs par hectolitre d'alcool pur. Il est actuellement de 14 s 9 par gallon *proof spirit*, soit 691 fr. 89 l'hectolitre d'alcool à 100°.

En France, il a suivi les phases suivantes : Depuis la loi du 28 avril 1816, le droit sur l'alcool a été porté en 1824 à 50 francs (55 f. décimes compris) par hectolitre d'alcool pur. La loi du 12 décembre 1830 le ramena à 37 fr. 40; la loi du 14 juillet 1855 le porta à 60 francs, décimes compris, celle du 26 juillet 1860 à 90 francs; le 1er septembre 1871, il fut élevé à 150 francs; la loi du 31 décembre 1873, le porta à 156 fr. 25; la loi du 29 décembre 1900 à 220 francs; le 13 juillet 1916, il a été élevé à 400 francs; et le projet actuel du gouvernement le porte à 600 francs.

L'élévation du droit frappe la consommation taxée; et elle baisse. Les antialcooliques se réjouissent. Il s'agit de savoir si la fraude n'entre pas, dans une certaine mesure, en déduction de cette diminution. Mais soit, il y a eu réduction. En 1871, au taux de 90 francs, la consommation était de 1.013.000 hectolitres; au taux de 150 francs et de 156 fr. 25, elle tomba à 755.400 hectolitres. Elle ne se releva qu'au bout de quatre ans.

En 1898, elle était de 1.790.600 hectolitres. Le droit porté en 1900 à 220 francs la fit tomber à 1.250.000 hectolitres.

Seulement si la consommation diminua, les recettes de l'impôt ne furent atteintes que momentanément. En 1898, l'État recevait 305.727.000 francs. En 1900 l'impôt fléchit un peu, mais en 1903, il donne 326 millions de francs; et en 1913, il donnait 399.457.000.

Les anti-alcoolomanes trépignent de joie en disant :

Double résultat, diminution de la consommation, augmentation des recettes.

Sont-ils bien sûrs que cette diminution de la consommation ait le caractère hygiénique qu'ils lui attribuent? Croient-ils que le buveur d'alcool convaincu renonce à l'alcool parce qu'il doit le payer plus cher? Non.

Il répartit autrement ses dépenses; il consacre une plus forte somme à l'alcool, et il diminue celle qu'il consacrait non seulement à son propre entretien, mais à celui de sa femme et de ses enfants. Une élévation de droits sur l'alcool pèse sur les consommateurs habituels et sur leur entourage.

Ces droits privent tout simplement d'un aliment et d'un plaisir les gens raisonnables qui, calculant leur budget, ne veulent pas s'imposer cette charge, voilà tout.

J'admire nos Assemblées qui se prétendent démocratiques et qui entendent faire de l'alcool une boisson de luxe. Elles veulent le réserver aux riches, qui ayant déjà une bonne alimentation n'en ont pas besoin, et en priver l'homme qui supporte un fort travail musculaire, et qui ayant une alimentation médiocre, en a besoin. L'homme aisé pourra continuer à déguster son cognac ou son armagnac. En général, sa consommation est limitée. L'impôt ne pèsera pas beaucoup sur ses dépenses annuelles. Mais au taux de 600 francs l'hectolitre d'alcool pur s'il y a 40 petits verres dans un litre à 50 degrés, le buveur du comptoir devra payer d'abord 0 fr. 187 au fisc, tandis que le prix de revient réel de l'objet consommé serait de 0,02 centime.

Les antialcoolomanes ne manquent pas de reprocher aux buveurs de boissons distillées ou fermentées de trop dépenser. Logiquement, pour leur permettre de dépenser moins, ils devraient proposer la diminution ou la suppression des droits. Pas du tout, il les augmentent, et puis ils en tiennent compte pour reprocher aux buveurs leur prodigalité.

En 1913, les droits de consommation sur l'alcool se sont élevés à 390.457.000 francs, soit 83 p. 100 du total de l'impôt sur les boissons dont le total a atteint 405.700.000 francs. Il faudrait commencer par déduire cette somme du budget de la boisson. On s'en garde bien.

CHAPITRE II

« THE NATIONAL DRINK BILL »

L'*United Kingdom alliance* dresse chaque année *The National Drink Bill* (le budget de la boisson), établi d'après une évaluation arbitraire du coût de la boisson au consommateur, impôt compris.

Voici quelques chiffres, je ferai remarquer qu'ils poussent l'apparence de l'exactitude jusqu'aux unités :

	£	£ par tête.
	—	—
1820	50.440.655	2, 8,6
1870	118.736.279	4, 7,3
1900	160.891.718	3,18,8
1910	157.604.658	3, 9,3
1913	166.681.000	3,12,5
1914	164.463.000	3,10,10
1915	181.959.000	3,18,11

Le chiffre peut augmenter et diminuer selon le prix attribué à la bière et aux spiritueux. En 1910, le prix moyen des spiritueux fut élevé de 26 s. 6 d. à 31 s. 6 d. par gallon à cause de l'augmentation des droits.

Pour l'*Alliance* ces millions sont perdus, mais ils comprennent :

	£ millions.
Imperial taxations	60,0
Taxes locales	5,0
Matières premières (y compris les importations).	46,0
Salaires et appointements	20,5
Loyers, réparations, intérêts des capitaux, assurances, profits en gros et en détail	50,5
	182,0

L'*Alliance* est bien sévère pour le Gouvernement et les administrations britanniques, en considérant comme perdus les 65 millions prélevés par les impôts et taxes locales, qui forment 35 p. 100 du total.

Mais quel est le rapport de cette dépense relativement à celle de l'alimentation générale ? Le calcul a été fait pour les chiffres de 1909 par l'*Alliance;* et elle a montré en la faisant sa méthode de *suppressio veri* et de *suggestio falsi*[1]. En dépit de ses omissions et de ses arrangements, on arrive à ce résultat que l'alimentation coûtait £ 590 millions et les boissons £ 120 millions, impôts déduits. Par conséquent pour un penny de boisson, la dépense était de 6 pence pour l'alimentation.

Mais ces boissons contiennent des calories. Loin d'être perdues, la plus grande partie d'entre elles sont utilisées.

Par le *Finance act* du 29 avril 1910 et plusieurs autres acts subséquents, M. Lloyd George s'est efforcé, dans un intérêt politique, de ruiner les brasseries anglaises. Il considérait qu'appartenant au parti unioniste, elles lui fournissaient des fonds pour sa politique et les

1. *The Brewers Almanack and wine and spirit trade annal*, 1917, p. 188.

élections. Son œuvre de spoliation était faite dans l'intérêt du parti libéral : et quoiqu'il soit maintenant, le premier ministre d'un ministère *conservative*, il a continué sa politique contre la brasserie.

Dans son discours du 23 février 1917, abordant la question de l'alimentation, il a déclaré qu'il ne se placerait pas « au point de vue de la tempérance » : mais il a dit avec enthousiasme : En 1914, on avait consommé 36.000.000 standard barrels ; en 1916, 26.000.000 : et il a déclaré : « C'est impossible pour nous de garantir l'alimentation de ce pays sans une réduction portée à 10.000.000 de barils ».

Le *Food supply committee* avait évalué la capacité alimentaire des 26 millions de barils de la manière suivante :

	Matières premières.	Albuminoïdes.	Calories.
	tonnes métriques		millions
Orge.	943.000	12.600	3.282.000
Gruau d'avoine.	55.000	900	195.000
Sucre	118.000	»	458.000
	1.116.000	13.500	3.935.000

Employées dans la fabrication de la bière, ces matières premières auraient donné :

	Albuminoïdes.	Calories. millions.
	12.590	3.267.000
Soit en moins.	910	668.000
Ou	6,7 p. 100	17 p. 100

Mais le rapport déclare que « cette comparaison est sujette à des sources d'erreurs considérables » : il en explique les causes.

Ce n'est pas possible d'utiliser directement pour l'alimentation humaine toutes les matières qu'on utilise en brasserie. L'avoine moulue ne pourrait pas donner plus de 60 p. 100 de son poids en farine.

Et le *committee* arrive à ce résultat. Si la brasserie était prohibée, les matières employées donneraient pour l'alimentation humaine :

Substances albuminoïdes.	Millions de calories.
—	—
9.250	2.822.000

Par conséquent, dans la brasserie, sont utilisées 93,3 p. 100 des substances albuminoïdes et 83 p. 100 des calories contenues dans les matières premières. Il n'y aurait d'utilisés dans l'alimentation directe que 68,5 p. 100 des substances albuminoïdes et 71,7 p. 100 des millions de calories. Leur emploi dans la brasserie donne donc : substances albuminoïdes en plus 23,8 p. 100 et calories 11,3 p. 100.

Les restrictions de M. Lloyd George, aboutissaient donc à une diminution de la valeur alimentaire des grains disponibles.

Le rapport ajoute que l'avoine et les autres grains qui ne seraient pas employés dans la brasserie seraient donnés aux bestiaux et surtout aux porcs.

Mais l'ouvrier anglais s'est fâché ; et le 2 juin le gouvernement a décidé d'augmenter de 33 p. 100 la quotité de la fabrication de la bière pendant l'été ; c'est une augmentation de 50 p. 100, si elle s'applique à de la bière légère. Le 5 juillet, la Chambre des Communes a approuvé.

CHAPITRE III

THE AMERICAN DRINK BILL

Aux Etats-Unis, le *Prohibition year book* a établi un budget de la boisson selon le modèle de celui de l'*United Kingdom Alliance*. Le voici converti en livres sterling sur la base de 4 sh. pour un dollar.

	£ millions.	L. s. d.
	—	—
1889.	168,1	2.14.11
1894.	204,9	3. 0.7
1899.	214,1	2.17.8
1904.	202,7	3.11.7
1907.	351,4	4. 1.11
1908.	335,6	3.16.11

Malgré les Etats soumis à la prohibition, la dépense évaluée par tête est au moins égale à celle des Anglais.

CHAPITRE IV

LE BUDGET DE LA BOISSON EN FRANCE

En France, le Dr Jules Rochard a voulu faire aussi le budget de la boisson. Il ne repose sur rien. Dans une brochure intitulée : *L'alcoolisme, ses effets pernicieux*, le Dr Legrain dit : « Je n'indiquerai maintenant que deux chiffres inédits relativement à la consommation de l'alcool ». Ils étaient en effet, complètement inédits, car ils ne se trouvaient que dans l'imagination du docteur : « Salaires perdus par l'alcool, 1.310.000.000 francs. » Qu'en sait il ? Comment a-t-il pu établir que l'alcool faisait perdre à chacun des 7 millions de salariés, hommes et femmes, existant en France, 187 francs par an, ni plus ni moins ?

Il va plus loin et il calcule que la dépense totale, causée par l'alcool, est de 1.752.772.850 francs. Je demande les centimes.

Au congrès de Lyon de 1907, un instituteur, M. Riemain déclarait que la consommation annuelle de l'alcool représentait un chiffre de 3 milliards de francs. La consommation de l'alcool, cette année-là s'est élevée à 1.289.000 hectolitres. Cette évaluation met l'hectolitre d'alcool à 2.308 francs. C'est beaucoup.

L'*Année sociale et économique* affirmait que l'alcoolisme coûtait en journées de travail perdues, en frais d'entretien des aliénés alcooliques, en frais de répression des crimes alcooliques : 1.377 millions !

Le colonel Fleury disait : « la France perd chaque année du fait de l'alcoolisme 150.000 de ses enfants ».

L'anti-alcoolomane : — Ce sont des chiffres cela !

— Oui, sur le papier.

La question revient à ceci :

Les Français du XIXe siècle doivent-ils vivre comme des ascètes de la Thébaïde? Pas d'alcool, disent les tempérants modérés ; ni vin, ni bière, ni cidre, disent les tempérants logiques ; mais ceux-ci recommandent volontiers le thé et le café ; et le thé et le café coûtent.

Il y a aussi le tabac, qui n'a aucune valeur alimentaire et qui coûte à ses consommateurs, plus d'un demi-milliard par an.

Un matin, au ministère des Travaux publics, je reçus une délégation de la *Ligue contre le tabac*. Les délégués, installés confortablement, gardèrent pendant quelque temps le silence, en inspectant mon bureau. Quand le président se décida à parler, il me dit :

— Monsieur le Ministre, d'après le coup d'œil que nous venons de jeter sur votre bureau, nous constatons que vous n'êtes pas fumeur.

— En effet.

— Par conséquent, nous sommes certains que vous allez être de notre avis.

— Ah ! pardon, ne préjugez pas trop. Je ne suis pas fumeur, mais si vous venez me demander d'embêter les fumeurs, je ne vous suivrai pas.

Et comme naturellement, tel était l'objet de leur

visite, ils s'en allèrent très déconcertés parce qu'un ministre, qui n'était pas fumeur, ne voulait pas embêter les fumeurs.

Le non fumeur sent la fumée du fumeur. L'hydromane n'est pas gêné par le buveur de vin ou d'eau-de-vie dont le parfum est beaucoup plus limité et dilué que celui de la cigarette ou de la pipe. Je respecte son eau. Qu'il me laisse le droit de choisir les boissons qui conviennent à mon goût et à mon estomac.

CHAPITRE V

LE PHYLLOXÉRA HYDROMANE[1]

Et maintenant, messieurs les hydromanes, que voulez-vous faire perdre à la France? La suppression de ses vignobles des Charentes et de l'Armagnac?

Immédiatement ces messieurs disent : — Vous continuerez à exporter leurs produits.

Ils poussent la condescendance jusqu'à permettre aux étrangers de boire des eaux-de-vie qu'ils veulent interdire à leurs compatriotes. C'est de la modestie de leur part, car ils croient ainsi que leur propagande ne peut pas avoir d'effet à l'extérieur : et cependant les sociétés de tempérance forment un réseau international animé par la même passion et soutenu par les mêmes intérêts.

Mais un produit proscrit à l'intérieur d'un pays perd ses débouchés au dehors : pour que le cognac rayonne, il faut qu'il y ait des français qui l'achètent, sachent l'apprécier et donnent l'exemple aux étrangers. L'exportation de nos eaux-de-vie était encore de 62 millions par an en 1913. Sans les hydromanes des divers pays, elle serait du double ou du triple.

De même, si la politique de ces hydromanes réussis-

1. Maniaque de l'eau.

sait, elle aboutirait à faire arracher les vignes sur les 1.633.000 hectares qu'elles ont couvertes en moyenne de 1904 à 1913, avec une production calculée au taux de 32 hectolitres 62 à l'hectare, au prix moyen de 21 fr. 82 l'hectolitre représentant pour 53.296.000 hectolitres une valeur annuelle de 1.163.000.000 francs. L'hydromanie est un phylloxera.

Son action s'étend aussi contre les pommes à cidre, et en 1913, leur valeur était estimée à plus de 208.000.000 de francs.

Les hydromanes travaillent avec violence, non pas seulement à la ruine de tous les débitants de boissons, dont les intérêts sont aussi respectables que ceux de n'importe quels citoyens; mais à la ruine de tous les propriétaires de vignes et de pommiers. Ils parlent, les imprudents! du danger économique; ils représentent un danger qui peut s'évaluer en milliards de francs! Et déjà la déplorable influence de leur propagande s'est fait sentir.

LIVRE VIII

LES PROHIBITIONNISTES PENDANT LA GUERRE

CHAPITRE PREMIER

LES PROHIBITIONNISTES FRANÇAIS

Les prohibitionnistes français considèrent que l'union sacrée les investit du droit de traiter en ennemis « en prussiens de l'intérieur » selon l'expression du professeur Debove, tous ceux de leurs compatriotes qui fournissent de l'alcool, sous une forme quelconque, à ceux de leurs compatriotes qui méritent la même épithète puisque s'ils ne consommaient pas d'alcool, leurs fournisseurs disparaîtraient.

Ils ont des apôtres, comme M. Gustave Cauvin, qui dans sa conférence du 13 janvier 1917, à l'Hôtel des sociétés savantes, traçait leur programme dans les termes suivants :

> Il serait immoral de supprimer l'alcool industriel et de ne pas supprimer les alcools de fruits qui sont d'un prix beaucoup plus élevé. Ce serait favoriser l'alcoolisme chez les classes riches et l'interdire à l'ouvrier...
>
> L'alcool naturel, que certains croient moins toxique que « l'alcool artificiel » est le plus toxique, car il n'est pas rectifié : il ne faut donc pas se contenter d'interdire « l'alcool

industriel », il faut interdire tous les alcools de fruits et autres...

Laissons boire du vin et de la bière, boissons hygiéniques dont nous nous occuperons plus tard : c'est une question sur laquelle il y aura lieu de revenir après la suppression de l'alcool...

Le programme est simple : après l'absinthe, l'alcool d'industrie; après l'alcool d'industrie, l'alcool de vin, de cidre, de cerises, etc., et ensuite le vin, la bière, le cidre.

Une petite brochure intitulée : *Pour la Patrie*, cite l'avis suivant (non daté) de l'Académie de médecine.

L'usage des boissons fermentées, si modéré qu'il soit, offre un danger.

« Il n'est pas de médecin qui n'ait constaté la fâcheuse influence qu'exerce sur la santé l'habitude qu'ont beaucoup de gens, se croyant très sobres, de ne boire que du vin pur au repas, soit de prendre chaque jour après l'un des repas un petit verre d'eau-de-vie... »

Ce petit opuscule ne dissimule pas son origine. Il porte l'indication suivante : (maison Aberlen et Cie, à Vals. Ardèche).

L'eau minérale veut supprimer le vin.

Le 14 décembre 1916, M. Briand expliquait avec une naïveté, surprenante de sa part, l'usage que les prohibitionnistes entendaient faire de la guerre, en disant :

Le Gouvernement vous demandera la faculté de résoudre par décret toutes les questions qui intéressent la Défense nationale et que des lois sont trop lentes à régler; *particulièrement une grave question qui ne peut être réglée qu'en temps de guerre et dont la solution importe à la vie de notre pays, à son salut*, LA SUPPRESSION TOTALE DE LA CONSOMMATION DE L'ALCOOL.

C'est Joseph Reinach qui souligne ce passage dans le *Figaro* du 3 février. Cette locution : « une grave question qui ne peut être réglée qu'en temps de guerre », est inadmissible. Au contraire, M. Lloyd George a soin de dire : Des restrictions ne doivent pas être imposées dans des buts postérieurs à la guerre en vertu de conceptions relatives à l'état normal. » (*Discours à Dundee*, 1er juillet).

Les meneurs de cette campagne peuvent être fiers de leurs succès.

L'absinthe, accusée de crimes que personne n'a prouvés[1], avait été plus ou moins supprimée par la loi du 30 janvier 1907 et l'article 17 de la loi du 28 décembre 1908. La loi du 16 mars 1915 en a définitivement prohibé la fabrication, la circulation et la vente en gros et en détail. L'autorité militaire a donné à cette loi une singulière extension. Une circulaire signée du général Joffre, du 10 avril 1915 (2e division, 1er bureau), visant l'article 7 de la loi du 9 août 1849, et la loi du 15 mars 1915, donne aux généraux un modèle d'arrêté pour interdire la vente aux militaires de tous grades et l'achat par ceux-ci de l'alcool et des boissons alcoolisées.

Or, l'article 7 de la loi de 1849 est ainsi conçu :

> Les pouvoirs, dont l'autorité civile était revêtue pour le maintien de l'ordre et de la police, passent tout entiers à l'autorité militaire.

Donc, l'autorité civile n'avait pas le droit d'interdire l'achat et la vente des boissons alcoolisées, autres que l'absinthe. La loi du 15 mars 1915 s'appliquait exclusivement « à l'absinthe et aux boissons similaires ». Par

1. V. *supra*, liv. III, ch. VIII.

conséquent ce modèle d'arrêté était illégal; si des arrêtés de ce type ont été pris et exécutés, ce ne peut être qu'en vertu du *sic pro ratione voluntas*. Ma volonté, voilà ma raison.

La *Ligue* célèbre son action sur les préfets et applaudit le préfet de l'Eure qui est allé jusqu'à défendre absolument la consommation de l'alcool de bouche.

Les chefs de la *Ligue contre l'alcoolisme* ont obtenu la loi du 9 novembre 1915, interdisant la création de nouveaux débits dans lesquels on vendrait des boissons titrant plus de 23 p. 100 d'alcool. Ils ont donné ainsi un monopole aux débits existants, et bon nombre de détaillants naïfs se sont réjouis de cette protection qui leur était accordée contre les concurrents possibles.

M. Joseph Thierry, dans son projet du 22 juin propose de frapper les licences d'une taxe égale à la moitié de la valeur locative, les locaux des débits de boissons. Il ne dissimule pas que cette taxe est une taxe de confiscation destinée à en supprimer une grande partie.

Ces messieurs de la *Ligue nationale contre l'alcoolisme*, ont obtenu de M. Malvy la circulaire du mois de novembre 1916, invitant les préfets à prendre toutes sortes de mesures contre les débits de boissons, entre autres l'interdiction de vendre des liqueurs fortes avant 11 heures du matin.

Cependant elle ne satisfit pas les antialcooliques. Un prêtre écrivait au *Temps* (22 novembre 1916) :

Je ne sais pas si M. Malvy s'est rendu compte à quel point les mesures arrêtées seraient inapplicables dans l'état actuel des choses.

Il y a en France, en ce moment, 480.000 débits de boissons; pour surveiller l'exécution des nouvelles mesures, il faudrait mobiliser presque une armée de 480.000 agents.

Il serait interdit de vendre en détail l'alcool avant 11 heures du matin, mais permission serait donnée avant 11 heures de vendre des vins de liqueur ne titrant pas plus de 18 degrés, et même des liqueurs sucrées ne titrant pas plus de 23 degrés. L'agent devrait donc être présent, et, muni d'un pèse-liqueur, juger pour chaque consommation si les limites prescrites sont bien observées.

Il serait interdit de vendre des spiritueux aux mineurs âgés de moins de dix-huit ans, mais il serait permis de leur vendre ces liqueurs sucrées et ces vins de liqueur et d'imitation. L'agent devrait donc s'assurer de l'état civil du consommateur, et puis contrôler, pour chaque petit verre, le degré de la boisson consommée.

Au dernier Congrès de Lyon M. Lallemand, préfet de la Loire, a déclaré qu'il était prêt à nommer auxiliaires de la police locale les membres bénévoles de la section de la *Ligue*. Mettre la police entre les mains de fanatiques, c'est une singulière manière de comprendre le rôle qu'elle doit jouer.

M. Malvy veut empêcher les porteurs des ports, les ouvriers matineux qui vont travailler dans le brouillard, de boire de l'alcool le matin, alors qu'ils en ont le plus besoin.

Il a fait une nouvelle circulaire : et le préfet de police de Paris a pris, le 28 juin 1917, un arrêté prohibant la vente des spiritueux sauf de 12 à 14 heures et de 19 à 21 heures pour les hommes, toute la journée pour les femmes et les mineurs au-dessous de 18 ans; interdisant la vente des spiritueux à emporter en quantité de même espèce inférieure à 2 litres ou à 2 bouteilles de 90 centilitres chacune.

Les prohibitionnistes ont fait voter une loi.

Interdisant à toute personne d'introduire ou de distribuer et en général à toute personne ayant autorité sur les ouvriers et employés, de laisser introduire ou de laisser distribuer dans les établissements pour être consommées par le personnel, toutes boissons alcooliques autres que le vin, la bière, le cidre, le poiré, l'hydromel non additionné d'alcool.

Je renvoie les auteurs de cette loi aux observations de M. Will Thorn qu'ils trouveront dans le chapitre suivant (p. 264).

Les anti-alcoolomanes ne sont pas encore satisfaits. Le 7 juin, MM. Henri Schmidt, Jules Siegfried, G. Maunoury, Doizy, Mauger, Lorimy, Fr. Merlin, Charles Benoist, Bokanowski, ont déposé une proposition de résolution portant :

La Chambre invite le Gouvernement à déposer avant un mois, suivant la procédure d'urgence un projet de loi interdisant, pendant la durée de la guerre, la vente à consommer et à emporter de toutes les boissons alcooliques titrant plus de 18 degrés et à réserver tout l'alcool pour la fabrication des munitions, pour les usages médicaux et pour les emplois industriels indispensables.

C'est la prohibition qui reparaît sous la forme d'une résolution, procédé parlementaire incorrect : car des membres d'une des chambres du Parlement n'ont pas à inviter le Gouvernement à légiférer.

Ils peuvent rédiger et déposer une proposition de loi. Pourquoi n'ont-ils pas recours à ce procédé?

Ils veulent réserver tout l'alcool à d'autres usages que la consommation. Veulent-ils en interdire l'usage dans les tranchées? Qu'ils s'expliquent donc sur cette question!

A partir du 4 juin 1917, l'administration a commencé la réquisition des alcools. Elle prétendait avoir à fournir, dit le *Moniteur vinicole*[1], de 140.000 à 150.000 hectolitres au service des poudres, qui, d'ailleurs ne paraissait pas en avoir grand besoin, puisqu'elle permettait l'emploi de cet alcool pour les vins de liqueur, la vinaigrerie, la parfumerie, etc.; 50.000 hectolitres provenant des quantités au-dessous de 100 hectolitres ont été laissés entre les mains des distillateurs liquoristes et des commerçants; on a évalué à 30.000 hectolitres le stock des eaux-de-vie, et à 10.000 celui du rhum.

Alors pourquoi cette mesure qui paralysait toutes les affaires?

Je lis dans le *Moniteur vinicole* du 19 mai :

La main-levée des 80.000 hectolitres promis au commerce est en bonne voie de réalisation; on peut donc espérer avoir de l'alcool pour les fruits, mais il conviendrait de se hâter, car autrement cet alcool arriverait trop tard. On fait en ce moment la répartition sur le papier, il est à penser que la marchandise elle-même ne tardera pas à être mise effectivement à la disposition des intéressés.

En attendant, on invite les bouilleurs de profession à distiller tout ce qu'ils pourront des fruits que les producteurs leur offriront! Mais alors, on ne songe donc plus à supprimer l'alcool?

Cette agitation prohibitionniste a à coup sur un résultat : elle cause des malaises, des ruines, des incertitudes. C'est une singulière manière de fortifier l'esprit public!

1. 30 janvier 1917.

CHAPITRE II

LES PROHIBITIONNISTES BRITANNIQUES

Dans la Grande-Bretagne, des membres de la *Practical Temperance Reform* déclaraient en 1914 qu'une prohibition totale et immédiate de l'alcool était impraticable ; mais beaucoup d'entre eux l'ont réclamée en 1916.

Un homme, habituellement imbu de doctrines de liberté, M. St. Loe Strachey, directeur du *Spectator*, dit : « En temps de paix laissons les gens manger et boire ce qu'ils veulent. Leur hygiène personnelle est leur affaire, non la nôtre ». En temps de guerre, il réclame la prohibition ; et il pousse le cri de « Down glasses » ! A bas les verres !

Le nouveau prétexte des prohibitionnistes est *the War Efficiency*, l'efficacité de la guerre.

Le 26 janvier, une page toute entière du *Times* était prise par une grande annonce portant ces titres :

ONE MORE BIG PUSH!
TO WIN WAR — TIME PROHIBITION

A cette grande crise nationale et maritime, quand il est essentiel de sauver toute l'alimentation et toute la navigation possible. — Non simplement une restriction comme celle que vient de prendre le *Food controler*[1]. — La force du mouvement britannique fait un appel énergique à tous les patriotes pour joindre le mouvement aujourd'hui et pour lui donner leur

1. Le directeur de l'alimentation.

généreux concours en élevant à £ 100.000 (2.500.000 francs) notre fonds pour la prohibition immédiate et totale du *Liquor Traffic*[1]. Hier nous avons fait une avance victorieuse et occupé une dernière ligne de tranchée. Tous nous n'avons plus besoin que d'une vigoureuse poussée pour gagner.

Voilà la traduction exacte de cet appel. On pourrait croire qu'il s'agit de combattre les Allemands. Pas du tout ; il ne s'agit que de dépenser 2.500.000 francs pour forcer le Gouvernement à supprimer la production et la consommation de la bière et du whisky.

L'affiche ne parlait pas du vin, mais il est évident que sa prohibition était comprise.

Seulement parmi les hommes qui se sont mis à la tête de ce mouvement, on en trouve vingt qui avaient fait, en décembre 1913, partie d'une députation ayant pour objet de demander au premier ministre la « limitation des armements de la flotte ». Ce précédent ne leur donne pas d'autorité pour invoquer les nécessités de la guerre.

De son côté, un membre du Parlement du *Labour party*, M. Will Thorne dit :

Parmi les noms que j'ai relevés parmi les souscripteurs aux fonds prohibitionnistes, j'en ai trouvé qui ont été amèrement opposés à tous les efforts pour améliorer le niveau de la vie des masses et qui n'ont jamais eu d'autre point de contact avec les travailleurs que de vivre de leur travail.

Le célèbre auteur, Gilbert Keeth Chisterton, dit dans le *False motive of the movement*, en parlant des prohibitionnistes qui prennent la guerre pour prétexte :

Je refuse de les prendre au sérieux parce qu'ils ne sont pas

1. Commerce des boissons fermentées et spiritueux.

sérieux, parce qu'ils ne sont pas intellectuellement sincères. Ces réformateurs tempérants n'ont pas pour but la victoire dans la guerre ; ils ont pour but de remporter la victoire pour leur cause. Leurs motifs existaient avant la guerre, ils font appel à la guerre pour les justifier ; et ils poursuivent leur cause aux dépens même de la guerre.

Les prohibitionnistes sont les délateurs de leurs compatriotes. Leurs agents sont constamment en chasse pour trouver des prétextes de calomnies contre eux : et, comme ils sont convaincus que leur fin justifie tous les moyens, ils accusent toujours, quelle que soit la valeur des preuves qu'ils sont parvenus à ramasser.

Dans leur fanatisme, les prohibitionnistes sont allés jusqu'à publier une brochure intitulée : *Defeat*. Ils y déclarent que « l'alcool est un poison pro-allemand dans l'armée » ; que c'est à l'alcool qu' « est due la longueur de la guerre » ; que le commerce des boissons est un *british et social zeppelin*, qui « a trahi nos héros dans les tranchées et vendu leurs vies » ; et « au lieu d'envoyer les hommes qui font ce commerce des boissons, en prison ou au bagne, nous les envoyons à la Chambre des communes ou à la Chambre des lords ! » « J'écris sans passion », ajoute l'auteur anonyme, et il continue :

A peine entendons-nous un murmure contre les hommes qui portent la boisson dans nos camps, qui ne se soucient pas de ruiner nos troupes et de détruire l'Empire.

Et il s'écrie : « Qui est dégénéré au *War office ?* Lord Kitchener n'a pas eu 100.000 hommes à envoyer à Gallipoli. La prohibition les lui aurait fournis facilement ». Il n'a pas dit comment ; mais l'auteur a obtenu une prohibition sur laquelle il ne comptait pas. L'*Army council* a prohibé sa brochure.

On a répondu aux prohibitionnistes qu'il avait été fâcheux qu'on n'eût pas été à même de distribuer du vin quotidiennement aux soldats anglais à Gallipoli ; car les soldats français qui en recevaient ont été préservés des entérites qui frappaient les soldats anglais.

On leur a répondu que les soldats italiens se trouvaient fort bien d'une distribution quotidienne de vin et d'une distribution bihebdomadaire de Marsala ou d'eau-de-vie.

Ils avaient accusé le rhum distribué dans les tranchées anglaises d'avoir causé des rhumatismes, des bronchites et des gelures des extrémités. On leur a répondu qu'après l'exposition au froid, il y a un arrêt dans la circulation du sang qui a été refoulé de la surface à l'intérieur, et qu'un usage judicieux de l'alcool la rétablissait.

Le major général S. S. Long C. B. écrit [1] dans une étude intitulée : *The army point of view*.

> Parlant comme un homme qui, étant jeune, est resté pendant des années sans prendre d'alcool sous n'importe quelle forme, j'affirme que la prohibition au point de vue de l'avenir ferait plus de mal que de bien. L'alcool, soit sous la forme de bière, de vin ou de spiritueux, est d'un usage utile quand il est consommé avec modération, et il y a des cas, où, par la distribution de rations de rhum, non seulement on a pu préserver un grand nombre de vies humaines, mais aussi, par ce moyen, donner du cœur à nos galants soldats et leur permettre de conserver leur étonnante force morale, dont nous sommes si justement fiers.

M. G.-K. Chisterton pose cette question (p. 38) :

1. *Liberty*, p. 21, 1917 (London Eveleigh Nash C°).

Les prohibitionnistes diront-ils que les généraux et les officiers qui distribuent du rhum à leurs troupes ne veulent pas de la victoire? Une goutte ou deux de rhum au soldat qui a été mouillé et gelé toute la nuit et qui est appelé à combattre dans la journée, ne constituent pas un abus de liqueurs fermentées. C'est un remède efficace résultant de l'expérience; et l'homme qui veut l'interdire n'est ni un ascète, ni un puritain : c'est un fou...

Le major général S. S. Long indique comment on combat l'ivrognerie dans l'armée britannique :

Le soldat est engagé à rester dans des casernes bien construites, fournies de bains, de cuisines, de salles à manger, d'institut régimentaire, bien éclairées, où il peut prendre confortablement sa pinte de bière, soit en fumant, en bavardant avec ses camarades, soit avec son modeste souper avant d'aller se coucher ou de se retirer dans la salle de récréation où il peut lire et écrire à l'aise.

Un prohibitionniste, le Dr Saleeby, reconnaît qu'il faut bien donner quelques hydrates de carbone aux soldats : mais au lieu « d'eau de feu », il demande qu'on leur offre des « bâtons de sucre » ou quelque chose d'analogue. J'ai mentionné les expériences de ce genre faites par le général André[1].

A leur attaque contre l'armée, les prohibitionnistes ont joint des attaques contre la population civile. Ils ont affirmé que la guerre avait augmenté l'ivrognerie dans la Grande-Bretagne.

— C'est faux, dit sir James Crichton-Browne[2], *Lord Chancellor's visitor in lunacy* depuis 1875 (visiteur des établissements d'aliénés).

M. E.-J. Mathew, de la *National society for the prevention of Cruelty to children* (société de protection des en-

1. V. *supra*, liv. I, ch. III, p. 40.

2. *Prohibitions fallacies*, p. 5.

fants) dit que l'accusation d'ivrognerie contre les femmes des soldats n'est pas fondée. Une enquête a prouvé que la grande majorité des cas appartenaient à des femmes qui avaient ce défaut avant la guerre.

Les prohibitionnistes ont déclaré que l'orge, le froment, le maïs transportés pour les brasseries et les distilleries empêchaient les transports maritimes pour des objets plus utiles, qu'ils remplissaient les docks et les chemins de fer. Sir Alfred Booth affirma que les brasseurs arrêtaient la circulation des munitions. Mais M. Lennard, chargé de la vérification des faits, constata que les voies d'une des grandes compagnies étaient encombrées de wagons circulant à vide, par suite de l'incapacité des officiers chargés par les autorités militaires d'organiser les transports[1].

Le ministre de l'Agriculture, M. Prothero, a répondu à ces dénonciateurs des transports des grains des brasseurs, que sans les grains qu'ils fournissaient pour le bétail, les villes ne pourraient pas recevoir la quantité de lait qu'elles reçoivent.

Les prohibitionnistes ont dénoncé les dockers, les marins, les chauffeurs, comme arrêtant les transports et compromettant la sûreté des combattants. S'il y a parmi eux abus de boissons, cela tient aux irrégularités des heures de travail, aux attentes trop longues provenant d'un défaut d'organisation. Des dockers, la plupart d'âge moyen, ont dû rester trente et trente-six heures au travail. Quand des hommes ont porté du charbon, des grains, du fer, pendant une vingtaine d'heures, ils ont besoin de stimulants. Quelques-uns

1. Sir James Crichton Brown, *Prohibitions fallacies*, p. 9.

d'entre eux sont tombés de fatigue, on les a accusés d'ivrognerie.

M. B. Mathew, *secretary of the federation of Engineering and Shipbalding trade on the Clyde and secretary of to the Local Labour advisorys Board of War Output* déclare que l'ensemble des hommes est sobre, mais qu'à un certain moment, un stimulant est absolument nécessaire pour certains d'entre eux. Il y en a qui en abusent. « Ce n'est pas la prohibition qui produira un progrès dans leurs habitudes, c'est l'exemple et l'élévation du ton dans leurs habitudes quotidiennes ».

Et il demande :

Est-on sûr qu'en privant de toute boisson alcoolique tous les hommes engagés dans la production des munitions et dans les constructions navales, dans les ateliers de mécanique et dans les docks parce que quelques-uns peuvent être intempérants, on ne frapperait pas la production d'un arrêt?

Les prohibitionnistes, confortablement nourris, logés, chauffés, et ne se livrant qu'à un travail modéré, peuvent parler tout à l'aise de la sobriété ; « ils ne se mettent pas à la place de l'homme dont le travail est dur, et qui, ayant une alimentation maigre, monotone, mal préparée, a besoin d'un stimulant digestif. L'alcool peut élever l'organisme à un point d'excitation nécessaire pour la production d'un excès d'énergie [1] ».

M. Will Thorne, ouvrier depuis son enfance, *General secretary national union of gasworkers and general labourers* depuis 1889, membre du Parlement, a répondu avec vigueur dans une petite étude : *A Working class view of Prohibition*.

1. Sir James Chrichton Browne, *Prohibitions fallacies*, p. 11.

— Les ouvriers, dit-il, ont donné toutes leurs forces pour l'armée; la mer est occupée par nos marins. Des mains habiles et vigoureuses ont forgé les armes dont dépend la victoire. Les *trade unions* ont aboli au commencement de la guerre leurs règles et coutumes!

« Et la crise est exploitée par des farceurs qui veulent faire du patriotisme un moyen d'abstinence! Les ouvriers s'indignent de cette trahison contre la loyauté du peuple. »

M. Will Thorne, invoquant son expérience personnelle, dit :

J'ai travaillé pendant des années comme abstinent total à des tâches qui nécessitaient le maximum de force physique et de résistance. Devenu un buveur modéré, j'ai travaillé, comme chauffeur aux *Old Kent Road Gasworks* pendant neuf mois sans perdre un jour. Les hommes, travaillant dans les usines à gaz, dans les briquetteries, dans la métallurgie sont constamment en état de transpiration et ont besoin de larges quantités de liquide pour éteindre leur soif. J'ai connu des briquetiers qui, pendant leur travail, buvaient dix pintes de bière forte et, autant, sinon plus, pendant leurs heures de repos, sans altérer leur santé ni leur capacité de travail, au contraire avec une augmentation de leur appétit et de leur énergie générale.

M. Will Thorne se moque de la terreur qu'éprouverait l'évêque de Willesden en apprenant que des mineurs, portent plusieurs bouteilles de bière sur leurs épaules, pour rejoindre leurs postes où ils travaillent dans une chaleur étouffante, et au milieu d'une poussière si épaisse qu'ils peuvent à peine s'apercevoir. Est-il prêt à aller leur préparer du thé ou du chocolat ?

M. Will Thorne ajoute que l'institution du *Liquor Control Board* a provoqué un vif mécontentement parmi les ouvriers : à Manchester, ils ont protesté contre toute tentative de sa part pour restreindre la vente des boissons.

Ils ont protesté contre la pratique des *teetotalers* de présenter au monde les ouvriers britanniques comme paresseux et dissolus pendant la guerre alors qu'ils donnaient des preuves de leur énergie et de l'efficacité de leur production. Ils se sont indignés, contre les évêques qui humiliaient l'orgueil national en se mettant à genoux pour implorer le prolétariat de rester sobre.

Il proteste contre les campagnes réactionnaires de l'*Alliance;* et il pose nettement la question du droit de l'ouvrier anglais au *public house*.

J'ai connu beaucoup d'endroits où sans le *public house*, l'échange d'opinions entre les ouvriers, toute récréation sociale eussent été impossibles. C'est pourquoi, ils représentent une institution nationale, dont la suppression causerait une consternation générale et le mécontentement de millions de ceux sans lesquels nous ne pouvons remporter la victoire.

On a dit aussi en France du cabaret qu'il était « le salon du peuple », et l'expression est juste.

Mais si des évêques se sont lancés dans le mouvement prohibitionniste, il y a d'autres membres du clergé qui ont gardé leur sang froid. Tel est le *Dean of Durham*, (le doyen de Durham) placé au milieu du centre minier le plus important de la Grande-Bretagne. Dans une étude : *Prohibition as a permanent policy*, il dit :

Nos préoccupations patriotiques n'impliquent aucun changement dans notre conviction que la prohibition, comme politique permanente, est sans fondement et conduirait à de malheureuses conséquences.

La prohibition est une mauvaise politique pour les raisons suivantes :

1° Elle est en conflit avec le sens général de l'équité ;
2° Elle ne sera pas obéie, parce que la désobéissance sera moralement respectable ;
3° Elle conduirait à de détestables conséquences : la substitution de l'alcool, plus facile pour la contrebande, à la bière ; l'extension des habitudes de drogues comme la cocaïne ;
4° Elle serait une prime à la corruption des agents de l'Etat.

Et le *Dean of Durham* termine en rappelant la déclaration suivante du célèbre archevêque anglican de Dublin, Magee[1] :

Quel est mon choix de l'Angleterre libre ou sobre ? Je déclare, quelque étrange que puisse paraître une telle déclaration de la part d'un homme dans ma situation, que je préférerais l'Angleterre libre à l'Angleterre sobre par contrainte. Je préférerais la liberté à la sobriété, parce qu'avec la liberté nous pourrions arriver à la sobriété, tandis que dans le cas contraire, nous risquerions de perdre à la fois la liberté et la sobriété.

1. *Life and Correspondance*, vol. II, p. 44.

CHAPITRE III

LES PROHIBITIONNISTES AUX ÉTATS-UNIS

Aux États-Unis, Mgr Potter, évêque anglican de New-York, a dénoncé, dans des articles retentissants et dans des interviews, l'intempérance de propagande des apôtres de la tempérance [1].

L'Église catholique en Amérique a toujours fait la distinction entre « l'abus des boissons enivrantes qui est un péché et l'usage qui ne l'est pas [2] ».

Le cardinal Amette, archevêque de Paris, a lancé l'anathème à l'alcool; mais le cardinal Gibbons, archevêque de Baltimore, vient d'affirmer que « la prohibition serait une catastrophe nationale, presque un crime contre le bien-être physique et moral du peuple américain [3] ».

Il fait entendre cette vérité qui devrait être inscrite dans toutes les salles où se réunissent des ministres et des législateurs :

> Une des grandes erreurs de notre époque est de croire que la loi suffit à guérir toutes les tares sociales. La loi, qui sort de la voie naturelle, est mort-née et les lois mort-nées font naître dans le peuple le mépris de l'autorité légale...

1. *La lutte anti alcoolique aux États-Unis* par Dupré La Tour. (*Le Musée social.* Mémoires et documents.)

2. *Id.*

3. Lettre adressée au *Bonfort's circular* du 15 mai, reproduite par le *New York Times.*

Les prohibitionnistes n'ont vu dans la guerre qu'un prétexte pour assurer leur victoire. A la Chambre des représentants, M. Webb a déposé un amendement au *food control bill* dans le but d'ajouter un 18e amendement à la Constitution : mais une pareille proposition doit réunir les deux tiers des voix des deux Chambres et être ratifiée par les législatures des trois quarts des Etats. Sa proposition ne réunit que 132 voix contre 114 alors qu'il lui en aurait fallu 252. M. Shepard, ayant fait une tentative semblable au Sénat n'a pas eu plus de succès. Mais la Chambre des représentants a interdit la fabrication de l'alcool de grains. Le Sénat, par 47 voix contre 37, a voté, avec quelques modifications, la prohibition des spiritueux, mais non celle de la bière et du vin.

Le *Journal of commerce* de New-York a montré quelles ruines entraînait cette *liquor lunacy*, cette folie anti-alcoolique.

CONCLUSIONS

Que reste-t-il des allégations des anti-alcoolomanes? Et certes je suis loin d'avoir épuisé le sujet.

Au point de vue des « crimes de l'alcool », la démonstration est sans réplique. M. Charles Benoist, qui est parmi les agités de cette question, avait prétendu en dépit des faits que l'alcool nuisait à la natalité. Un député, M. Léon Perrier, lui répondit :

Voulez-vous la principale cause de la diminution de la natalité?. Elle est auprès de vous, dans le milieu qui vous entoure et le phénomène de la faible natalité française est parti de là. C'est autour de l'Institut, autour des conférenciers de l'Académie que réside le mal et l'exemple du mal. C'est, en effet, surtout dans la classe aisée, dans la grande bourgeoisie parisienne qu'il y a une faible natalité; la diminution de la natalité française, laissez-moi vous le dire, monsieur Benoist, vient surtout du malthusianisme des classes riches. (*Applaudissements.*)

L'exemple est de chez vous descendu dans nos villes et dans nos campagnes. Je pourrais dire, sans crainte d'être démenti, que l'eau, qui séduit tant les hygiénistes, a fait plus de mal que l'alcool, et que le cabinet de toilette de nos élégantes n'a rien à envier à ce point de vue au cabaret et au débit d'alcool.

Combien les membres de l'Académie française comptent-ils d'enfants? et ceux des autres classes de l'Institut, sans parler des membres de l'Académie de médecine ?

M. Charles Benoist, prenant le Calvados comme type, avait déclaré que les populations où il y avait des bouilleurs de cru ne produisaient que des déchets. Un député du Calvados, M. Laniel, lui a opposé l'opinion d'un général disant récemment, après un conseil de révision : « Je n'ai jamais vu une aussi belle collection d'hommes comme qualité et comme quantité ! » Il n'y a pas eu 10 p. 100 de réformés et ces réformés auraient pu même être utilisés dans les services spéciaux de l'armée.

Je recommande une étude intitulée *A chemist's views*, publiée par le professeur Henry G. Armstrong, professeur émérite de chimie au City and Guilds college, South Kensington, titulaire en 1911, de la *Davy medal* donnée par la *Royal society*.

Je regrette que les premiers chapitres de ce volume fussent déjà mis en page quand j'en ai eu connaissance : car elle fortifie, par de nouvelles expériences et de nouvelles données, les expériences d'Atwater et les conclusions de M. Armand Gautier. Il est sévère pour l'attitude de la plupart des médecins à l'égard de la question de l'alcool.

Sur les effets de l'alcool les médecins n'ont jamais fourni aucune explication ; ils n'ont jamais saisi le problème; leur attitude dépend des circonstances et de la mode.

Après une étude physiologique trop développée pour qu'elle puisse être rapportée ici, le professeur Henri G. Armstrong dit :

On ne doit pas supposer que les condiments et les substances savoureuses flattent seulement le palais ; l'usage du *Curry* dans l'Inde, du poivre rouge dans l'Amérique du Sud est associé avec le riz insipide qui serait incapable d'exciter la sécrétion des enzymes nécessaires à la digestion. Les *Pickles*, qui sont un prétexte pour absorber du vinaigre, les sauces anglaises sont des excitants pour la sécrétion des enzymes et ceux qui en usent ont un bon appétit et la digestion facile. L'usage du vinaigre dans la salade est tout à fait rationnel, l'acide acétique faisant partie de l'*hormone class*, etc. (p. 47).

Et le professeur H. G. Armstrong conclut :

La pratique est complètement justifiée par la science.

Pour ceux qui n'ont à leur disposition que des aliments insipides et dont les pouvoirs digestifs sont faibles par défaut de stimulant, les boissons alcooliques prises avec modération rendent de grands services en provoquant la digestion, non seulement localement dans l'estomac, mais dans les diverses parties de l'organisme (p. 58).

Il ajoute aussi ce conseil aux hydromanes :

Après beaucoup d'années d'études du problème, je crois que la majorité des abstinents feraient mieux d'user modérément des boissons fermentées, ils seraient probablement moins sujets aux troubles dyspeptiques, surtout dans les pays où on prend tour à tour de l'eau glacée et du thé ou du café chauds. Ils adopteraient une vue plus brillante de la vie, et peut-être plus sociable et plus imaginative : ils seraient en mesure de reculer au point de vue intellectuel les limites d'une continence trop étroite et d'un esprit trop borné.

Quand ils invoquent l'hygiène, ils ne sont que les plagiaires de l'illustre médecin qui, préposé à l'hygiène de Sancho Pança dans l'île de Barataria, frappait chaque plat de sa baguette en prononçant un sacramentel *Absit*.

Je plains l'hydromane. Il est en retard sur la civilisation qui peut produire non seulement les grands crus de Bordeaux, de Bourgogne ou de Champagne, les fines champagnes de la Charente, mais les vins et les eaux-de-vie ordinaires. S'il est incapable d'appré cier la saveur d'un bon verre de vin ou de spiritueux, il lui manque quelque chose. Ces produits ont exigé de ceux qui les obtiennent des qualités d'application, de persévérance, des aptitudes de gout et de délicatesse qui en font des hommes exceptionnels. Ils portent au plus haut degré la morale professionnelle : car ils comptent sur la qualité de leurs vins et de leurs eaux-de-vie pour faire l'éducation du goût de leurs clients : et, en leur offrant cette source de jouissances, ils contribuent au développement des aptitudes humaines. Ils sont des facteurs de progrès.

Les perturbations économiques, provenant de la guerre, ont réveillé toutes sortes de vieilles survivances. Des gens veulent nous ramener au brouet des Spartiates : les végétariens ont essayé de nous persuader du danger du beefsteack et de la côtelette de mouton. Des anglais voudraient condamner leurs compatriotes au régime du riz et de l'eau.

Ils ne réfléchissent pas que s'ils obtenaient ce résultat, les habitants futurs de la Grande-Bretagne ne seraient pas les dignes fils de ces anglais qui, fortifiés par leur roastbeef, leur ale, leur stout et leur whisky, ont lancé leur nation en avant des autres peuples, sur tous les points du globe et dans tous les domaines de la pensée : ce seraient des passifs, bien tranquilles, mais dépourvus de l'énergie qui a fait la grandeur de leurs pères et qui fait leur grandeur actuelle.

Des Français voudraient aujourd'hui forcer leurs

compatriotes à renoncer à l'eau-de-vie en attendant de les contraindre *manu militari* à renoncer au vin et au cidre. Qu'ils ne boivent que de l'eau, tant pis pour eux; mais je me révolte, s'ils veulent m'imposer leur régime.

Volontiers, ils invoquent « la race », « la conservation de la race » ; et quelquefois cette préoccupation paraît drôlatique quand on regarde le personnage de qui elle émane. En voulant imposer la diététique qui leur agrée, ils travaillent à la détérioration de la susdite race.

Ils se prétendent patriotes : et ils trahissent la patrie française. Notre boisson quotidienne a de l'influence sur notre caractère, nos aptitudes, notre manière d'être générale. Jamais un Munichois ne pensera et n'agira comme un Gascon. Entre un Hambourgeois et un Bordelais, il y aura toujours la différence qu'il y a entre un verre de bière et un verre de Médoc. Mettez de l'eau, à la place du vin, dans les verres de Montaigne et de Montesquieu, et vous enlevez des chefs-d'œuvre à la littérature française. L'alcool chimiquement pur est un corps homogène, qu'il vienne de la pomme de terre ou des vignes de la Charente; mais le cognac n'est pas rectifié, il a conservé certains éthers et huiles essentielles qui, en même temps que son parfum, lui donnent une action psychologique dont nul autre liquide n'est susceptible. L'esprit, autour d'une bouteille de vin de Champagne ou d'un *maass* de bière, n'est pas identique. Enlever à la France le vin et l'eau-de-vie, ce serait supprimer une partie des qualités qui en font le charme, en constituent le rayonnement et l'influence.

Je suis originaire d'un pays à cidre, mais dans lequel les familles aisées boivent un ou deux verres de bon vin à chaque repas : et ce régime est excellent. Quant aux paysans, dans les années où il y a de la pomme, ils boivent peut-être trop de cidre; mais le cidre leur donne de la gaité, de l'entrain, de l'énergie et de la bonne humeur; il les préserve des rhumatismes et de la pierre; et pour juger de son influence bienfaisante, il suffit de constater leur état psychologique dans une année où il n'y a pas de cidre et dans une année où les fûts en regorgent.

Quant à la bière, quelle serait la situation des ouvriers du département du Nord, s'ils en étaient privés? Elle a un avantage incontestable; l'eau qu'elle contient a été bouillie, et elle a acquis des propriétés réconfortantes qu'elle n'aurait pas eue, si elle était restée pure.

Qu'on compare les peuples qui ne boivent que de l'eau, du thé ou du café, et les peuples qui consomment de l'alcool et des boissons fermentées; où est donc la force et l'autorité? où est donc la puissance, l'énergie? est-ce que ce sont les peuples musulmans, les Hindous, les Chinois qui mènent le monde? Les populations fortes, ce sont les peuples qui ne sont pas sobres, comme les Scandinaves, les Anglais, les Français, les Belges, les Suisses, les Allemands, les Américains du Nord.

Est-ce que le thé et le café sont exempts de tout inconvénient?

Le Dr Benjamin Richardson a, dans son célèbre livre *Hygica*, attribué la misère des pauvres femmes anglaises à leur consommation de thé. Dans son *Manuel de Pharmacologie*, le Dr Dixon a montré que la caféine et la théine agissent sur le cerveau comme la strychnine sur l'épine dorsale.

La *Ligue nationale contre l'alcoolisme* annonce qu'elle fera des représentations cinématographiques de crimes commis par des ivrognes. Jamais ses tableaux ne pourront égaler en horreur, les atrocités, commises envers les Arméniens, leurs femmes, leurs enfants, dont des centaines de mille ont péri depuis 1915. Quels ont été les auteurs de ces massacres accompagnés de tortures raffinées? des Turcs et des Kurdes, des buveurs d'eau et de café[1] !

Examinées d'une manière objective, il ne reste des thèses et des campagnes des anti-alcoolomanes que la preuve de leur fanatisme et de leur mépris de toute méthode.

Ils représentent ce que Buckle appelait l'esprit protecteur qui se transforme toujours en esprit persécuteur[2]. Ils sont des types des survivances des anciens inquisiteurs Espagnols qui brûlaient les gens pour les sauver et des anciens puritains, disciples de Calvin, qui considéraient, comme criminelle, toute joie humaine.

Jamais ni les uns ni les autres n'ont compris « la distinction fondamentale qu'il y a entre le domaine juridique et le domaine moral[3]. Leurs héritiers montrent, sous le couvert de nouveaux dogmes, la même mentalité.

1. *Au Pays de l'épouvante*, par Henry Barby, 1917.

2. *History of Civilisation in England.*

3. Morell. *View of speculative philosophy of Europe*, 1846, t. I, p. 360-361. Yves-Guyot. *La démocratie individualiste*, liv. II, ch. XII, p. 108, *Le domaine moral et le domaine juridique.*

Le célèbre professeur d'Economie politique à l'Université de Lausanne, M. Vilfredo Pareto, a publié, en 1911, un petit volume ayant pour titre : *Le mythe vertuiste et la littérature immorale.* Il m'écrivit alors : — Vous devriez faire de même pour le mythe hydromane. « C'est une campagne d'ascétisme qui vise à faire régler par l'Etat les détails de notre vie et qui nous ramène à plusieurs siècles en arrière. »

J'ai exposé les conséquences morales et matérielles auxquelles ont abouti, dans les divers pays, les mesures que les anti-alcoolomanes sont parvenus à imposer; elles ont toujours eu des résultats opposés aux buts poursuivis. Leur histoire est d'une ironie implacable.

Le dernier projet de monopole, imaginé par le Gouvernement français et les grandes commissions de la Chambre des députés, la complète dignement. Si jamais il devient loi, nous en verrons l'effondrement dès qu'il sera appliqué.

Non seulement des membres de la *Ligue nationale contre l'alcoolisme*, mais des membres du Parlement, des industriels disent hautement qu'ils veulent la ruine de quiconque vit, comme agriculteur, comme fabricant, comme commerçant en gros ou en détail, du commerce des boissons. Ils rappellent, avec admiration, que lorsque le Gouvernement russe établit le monopole, il ne donna pas d'indemnité à ceux qu'il dépossédait. Je me méfie de ces gens qui, pour satisfaire leurs passions persécutrices, trouvent tout simple de ruiner quelques millions de leurs compatriotes. Ils représentent un danger social, car ils détruisent les notions de droit que nos pères ont eu tant de difficultés à établir ; ils veulent nous ramener en deçà des

Principes de 89 : et de ce danger social, ce sont les membres des cinquante-cinq grands groupes industriels, dont nous avons reproduit l'adresse, qui sont le plus menacés.

M. Edwin A. Pratt conclut, dans son remarquable livre *The Licensed trade*, en disant que la liberté et la justice sont d'une importance plus grande que la tempérance. Toutes les mesures prises contre les buveurs aboutissent à subordonner le monde à des pouvoirs arbitraires de police. Pourquoi ? pour empêcher quelques gens de trop boire : et on ne les en empêche pas. C'est le sacrifice de la majorité à la minorité : serait-il efficace qu'il serait injustifiable ; mais de plus, il est inutile.

Dans le programme que je formulai, au mois de novembre 1909, quand j'eus l'honneur de succéder à G. de Molinari, comme rédacteur en chef du *Journal des Economistes*, je disais, après avoir rappelé les principes que les économistes opposaient aux interventionnistes de tout genre :

> D'où que viennent les attaques, quels qu'en soient les prétextes, *chaque fois qu'une industrie est menacée, nous sommes là pour la défendre.*

La production et le commerce des boissons ne sont pas exclus de cette vérité économique :

— La liberté et la sécurité des contrats privés, tel est le grand facteur du progrès [1].

1. *Manifeste de la Ligue du libre échange*, février 1911.
La liberté Économique et le commerce des boissons. Discussion de la Société d'Économie politique, décembre 1908.

TABLE ALPHABÉTIQUE

TABLE DES MATIÈRES

INTRODUCTION

LIVRE PREMIER

L'ALIMENT ALCOOL

LIVRE DEUXIÈME

LA CONSOMMATION DE L'ALCOOL

LIVRE TROISIÈME

LES CAMPAGNES ANTI-ALCOOLIQUES

LIVRE QUATRIÈME

L'ALCOOL ET LA DÉMOGRAPHIE

LIVRE CINQUIÈME

LÉGISLATIONS ANTI-ALCOOLIQUES ET LEURS RÉSULTATS

LIVRE SIXIÈME

LES MONOPOLES

LIVRE SEPTIÈME

LE BUDGET DE LA BOISSON

LIVRE HUITIÈME

LES PROHIBITIONNISTES PENDANT LA GUERRE

ÉVREUX, IMPRIMERIE CH. HÉRISSEY

www.ingramcontent.com/pod-product-compliance
Ingram Content Group UK Ltd.
Pitfield, Milton Keynes, MK11 3LW, UK
UKHW020438200726
13857UKWH00002B/476

9 782012 892101